Geheimnisvoller Schwarzwald

Rolf Schlenker

Geheimnisvoller Schwarzwald

Die spannendsten Geschichten und Anekdoten

SILBERBURG

Inhalt

Geheimnisvoller Schwarzwald ...

Das Zeller Bergland im Südschwarzwald.

Vorwort

Der Satz »Der Schwarzwald ist Deutschlands höchstes und größtes zusammenhängendes Mittelgebirge«, steht so bei Wikipedia. Stimmt. Aber an diesem »Mittel«gebirge ist so gut wie nichts »mittel«. Der Schwarzwald steht sowohl für abgelegene stille Täler, war und ist aber auch Heimat von Global Players wie Fischer (Dübel), Hohner (Harmonikas), EFKA (Zigarettenpapierchen) oder Gütermann (Nähgarne), die Einweckgläser werden bis heute im Südschwarzwald hergestellt, und Tuttlingen zum Beispiel ist seit Jahrzehnten unumstrittener Weltmarktführer in Sachen Medizintechnik. Der Schwarzwald ist ein faszinierender Mix aus Abgeschiedenheit und Weltläufigkeit. Auch die Landschaft ist nur scheinbar »mittel«. Der höchste Berg ist zwar gerade mal 1500 Meter hoch. Aber wussten Sie, dass die verheerendste Lawine auf deutschem Boden nicht etwa in den Alpen niederging, sondern in der Nähe von Furtwangen? Und wussten Sie, dass es über 100 Tausender im Schwarzwald gibt?

»Schwarzwaldmädel«, »Schwarzwaldklinik«, Schwarzwälder Kirsch, Bollenhut oder Kuckucksuhr – das ist nur die klischeehafte Oberfläche, unter der es aber vielseitig brodelt: skurril, mystisch oder abgründig, mit Mord, Totschlag und Hexenglauben. Aber auch mit Geschichten von smarten Gelehrten, die schon vor 2000 Jahren den Zeitpunkt von Frühlings-, Sommer-, Herbst- und Winterbeginn auf den Tag genau bestimmen konnten, mit Hilfe eines Kalenders aus Berggipfeln. Auch Deutschlands kleinste und höchstgelegene (und nebenbei: hocherfolgreiche) Schule liegt hier. Und an einem Grab auf 1000 Meter Höhe mitten im Wald gibt es jedes Jahr am 11. Juli kostenlos echten arabischen Mokka, gestiftet von einem Mann, der ein Leben wie Karl May gelebt hat. Nur mit dem feinen Unterschied, dass seine Erlebnisse stimmten, während die von Kara Ben Nemsi frei erfunden waren. Einige solcher Geschichten unterhalb des Tourismus-Horizonts erzählt dieses Buch.

Diese Geschichten gewinnen nochmals an Intensität, wenn man selbst am Ort des Geschehens steht. Dort, wo zum Beispiel fünf englische Schuljungen nach einem Aufstieg auf den Schauinsland ihr Leben in einem Schneesturm verloren, ein prominenter Politiker der Weimarer Republik auf dem Weg zur Alexanderschanze seinen Mördern begegnete oder Hinterzarten um ein Haar zum deutschen Poona geworden wäre. Aber eben nur um ein Haar.

19 Geschichten, die den Schwarzwald von einer anderen Seite zeigen.
Rolf Schlenker, im September 2021

Traumhafter Schwarzwald.

Wieso es den »Belchen« gleich fünfmal gibt

Zwei Heimatforschern fiel es Mitte der 80er als Ersten auf: Im Dreiländereck gibt es fünf Berge, die denselben Namen tragen: »Belchen«. Da gibt es zunächst den »Schwarzwälder Belchen«, mit 1414 Metern der fünfthöchste Berg im Schwarzwald, den 1099 Meter hohen »Schweizer Belchen«, 88 Kilometer südlich im Schweizer Jura gelegen, und drei »Ballons« – die französische Form von Belchen – in den Vogesen: der »Grand Ballon« (1424 m), der »Petit Ballon« (1272 m) und der »Ballon d'Alsace« (1247 m).

Fünfmal »Belchen« – war das Zufall? Walter Eichin aus Lörrach und Andreas Bohnert aus Karlsruhe glaubten: nein. Sie begannen, sich die fünf Berge einmal genauer anzusehen. Zunächst fanden sie heraus, dass drei von ihnen ein rechtwinkliges Dreieck bildeten, wobei der 90°-Winkel über dem Schwarzwälder Belchen lag. Ihm genau gegenüber, exakt westlich, lag der Elsässer Belchen, exakt südlich von ihm der Schweizer Belchen. Okay, irgendwann in grauer Vorzeit hatten offenbar Menschen diese Berge, die in diesem Winkelverhältnis zueinander lagen, »Belchen« genannt. Aber wozu? Was war der tiefere Sinn dahinter? Eichin und Bohnert begaben sich auf die Suche. Und stießen auf ein System.

Die Berge waren Teil eines gigantischen vorchristlichen Sonnenobservatoriums, das erlaubte, die Jahreszeiten exakt zu bestimmen. Zentrum ist der »Ballon d'Alsace«, 25 Kilometer nördlich von Belfort. Steht man zum Beispiel am Tag der Tagundnachtgleiche (das ist ein Tag zwischen dem 19. und 21. März bzw. zwischen dem 22. und 24. September) auf dem Vogesenberg, dann geht für den Betrachter die Sonne genau hinter dem »Schwarz-

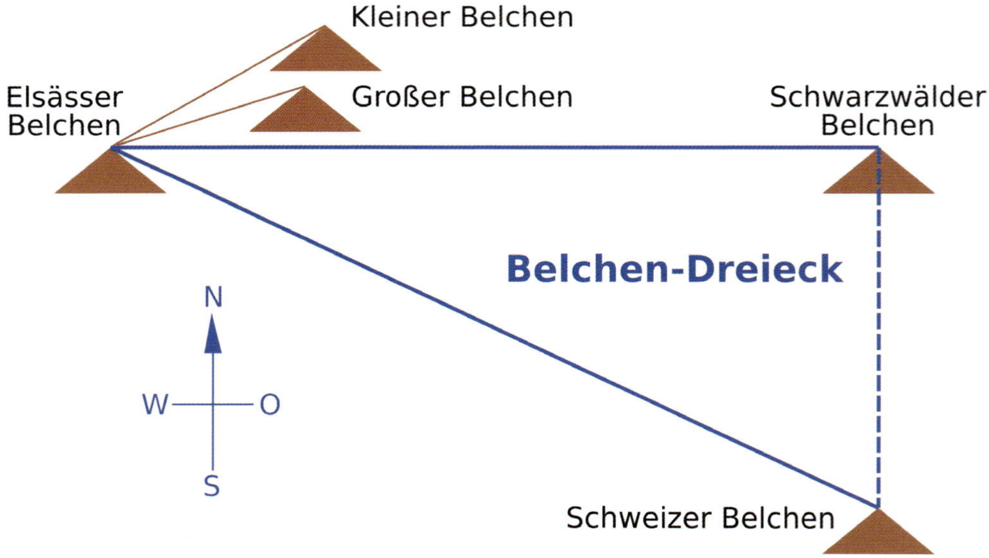

Das Belchen-Dreieck: Ein keltischer Jahreszeiten-Kalender.

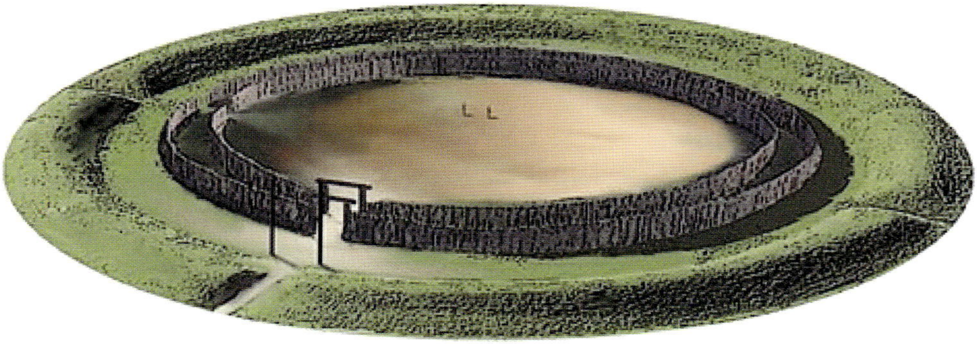

Mit der Kreisgrabenanlage Goseck bestimmten die Menschen schon vor 7000 Jahren die Jahreszeiten.

wälder Belchen« auf. Umgekehrt geht die Sonne – nun vom Schwarzwälder Belchen aus gesehen – hinter dem »Ballon d'Alsace« unter. Das bedeutete: Diese beiden Berge markierten im Jahreslauf der Sonne offenbar den Beginn von Frühling und Herbst.

Und dieses »Belchen-System«, wie man es nun nannte, lieferte noch weitere Informationen, zum Beispiel den genauen Zeitpunkt der Sommer- und Wintersonnenwende. Man kann es heute noch nachvollziehen: Am 21. Juni geht die Sonne – wiederum vom »Ballon d'Alsace« aus gesehen – über dem 27 Kilometer nordöstlich gelegenen »Kleinen Belchen« (»Petit Ballon«) und am 21. Dezember über dem 88 Kilometer südöstlich gelegenen »Schweizer Belchen« auf. Wenn die Sonne dagegen hinter dem »Großen Belchen« (»Grand Ballon«) aufging, dann wusste man: Es ist der 1. Mai.

Zusammengefasst ließ sich so präzise der Beginn aller vier Jahreszeiten ermitteln. Was waren das nun für Menschen, die einen so großen astronomischen Sachverstand besaßen, dass sie in der Lage waren, diese Gesetzmäßigkeiten aus dem Sonnenlauf herauszulesen? Bohnert und Eichin vermuteten, dass es Kelten waren. Sie schlossen es aus dem Namen »Belchen«, den sie auf »Belenus« zurückführten, der bei den Römern, aber wohl auch bei den Kelten, von denen es leider keine schriftlichen Hinterlassenschaften gibt, der Gott des Lichts war.

Dem einen oder anderen mag es als Sensation erscheinen, dass unsere Vorfahren bereits vor 2000 Jahren über ein so ausgeprägtes Wissen verfügten. Archäologen würden dagegen deutlich kühler formulieren: Die Kelten waren auf der Höhe der Zeit, mehr nicht.

Denn das Wissen um den Zusammenhang zwischen Sonnenlauf und Jahreszeiten war schon damals einige Jahrtausende alt. Das belegt zum Beispiel ein Fund in Sachsen-Anhalt. Luftbildarchäologen hatten 1991 vom Flugzeug aus auf einem Acker einen mysteriösen Kreis mit drei Lücken entdeckt. Als in dem Acker gegraben wurde, stieß man auf einen geometrisch sauberen Kreisring von dicht nebeneinanderliegenden Pfostenlöchern, ursprünglich war das ein etwa zweieinhalb Meter hoher Palisadenzaun gewesen, der einen Kreis von 71 Metern Durchmesser beschrieb. Eine Festung? Dagegen sprachen drei Lücken, die überhaupt keine Pfostenlöcher aufwiesen, das heißt, hier hatte man im Zaun bewusst Öffnungen gelassen. Warum sollte man aber eine Burg bauen, die statt maximalen Schutzes dem Gegner beste Möglichkeiten zum Eindringen bietet? Vielleicht weil das Ganze gar nicht als Festung fungieren sollte und die Durchlässe gar nicht für Menschen gedacht waren … aber für wen dann?

Nach und nach gab die Anlage ihr Geheimnis frei. Die Urzeitmenschen hatten ganz offensichtlich festgestellt, dass die Sonne nicht immer an derselben Stelle aufging, im Gegenteil: Der Ort des Sonnenaufgangs wanderte, eine Zeit lang, vom Betrachter aus gesehen nach links und irgendwann wieder nach rechts. Und dann wiederholte sich das Ganze. Dabei fiel den Beobachtern sicher auf, dass bei den Wanderungen nach links die Temperaturen zunehmend angenehmer und die Tage länger wurden, und umgekehrt bei den Wanderungen nach rechts. Dahinter musste doch ein System stecken, oder? Das fanden sie heraus. Und erfanden so den Kalender.

Wenn man in der Gosecker Anlage in der Mitte des Kreises steht, mit dem Tor im Rücken, das exakt nach Norden zeigte, dann geht am Tag der Wintersonnenwende die Sonne im Osttor auf und im Westtor unter. Wissenschaftler entdeckten dann auch noch Visiereinrichtungen, die eine Bestimmung der Sommersonnenwende zuließen. Bemerkenswert ist dabei das Alter der Anlage: Untersuchungen ergaben, dass sie vor 7000 Jahren errichtet worden sein musste. Das liegt noch einmal 5000 Jahre vor den Kelten und dem Belchen-System.

Aber wozu die ganze Anstrengung? Was die jungsteinzeitlichen und keltischen Astronomen liefern konnten, waren Informationen, die für die Landwirtschaft existentiell waren. Durch die Bestimmung von Winter- und Sommeranfang (und bei den Kelten zusätzlich noch von Frühlings- und Herbstanfang) konnte man das richtige Zeitfenster für Aussaat und Ernte festlegen. Dieses Wissen war somit eine Grundvoraussetzung jeglichen bäuerlichen Wirtschaftens.

Wer an einem dieser Fixtage kurz vor Sonnenaufgang auf den »Ballon d'Alsace« wandert, wird dort nicht allein sein. Der Vogesenberg ist in solchen Stunden ein beliebter Ort für Naturliebhaber und -mystiker, wie zum Beispiel für den südbadischen Schriftsteller und Liedermacher Roland Kroell, der im Umfeld dieser Berge besonders viele Orte der Kraft ausmacht: »Ich brauche nicht nach Schottland oder Irland zu fahren«, sagt er, »der Belchen bietet alles, was ein keltisches Herz höher schlagen lässt.«

Auch Johann Peter Hebel war 200 Jahre vor Kroell tief beeindruckt vom keltischen Hintergrund dieser Berge. Aus einem Mix an Faszination und Übermut heraus gründete er mit einigen jungen Theologen den »Proteuserbund«, einen Geheimzirkel, der nach dem griechischen Gott Proteus benannt war. Als Zentrum und Altar diente dabei der Schwarzwälder Belchen. Und weil sich das alles so prickelnd mystisch und herrlich verschwörerisch anfühlte, entwickelten die jungen Herren gleich noch eine Geheimsprache, den »Belchismus«, mit dazugehörigem »Wörterbuch« von A wie »Abufelet« (= Tabakspfeife) über B wie »be-intlern« (= begleiten) und S wie »Schegal« (= Ehefrau) bis Z wie »Zipfiheben« (= Umblättern). Klingt auch nicht viel anders wie aktuelle, eingeschworene »Herr der Ringe«-Fans, die »Elbisch« gelernt haben.

Freilich gibt es auch Kritiker, die das Phänomen »Belchen-System« entweder für eine Erfindung oder für puren Zufall halten. Aber die Sonne lässt sich davon nicht beeindrucken. Sie geht, stur, wie sie nun mal ist, weiterhin zu Frühlings- und Herbstbeginn hinter dem Schwarzwälder, am 21. Juni hinter dem Kleinen und am 21. Dezember hinter dem Schweizer Belchen auf. Um es mit den Worten des »Belchisten« Johann Peter Hebel zu sagen: »Die Erde ist eine Gondel, die an der Sonne hängt und auf der wir aus einer Jahreszeit in die andere fahren.«

Und die Darinsitzenden können an das Belchen-System glauben. Oder auch nicht. Aber erwähnenswert ist das Phänomen allemal.

Mittelalterliche Spitzentechnik: Wer baute den »Urgraben« bei Waldkirch?

Es war einmal eine verzogene Göre – damals sagte man »Prinzessin« dazu –, die lebte in einem Schwarzwaldtal, das leider sehr trocken war. Nun wollte sie aber unbedingt einen Fischteich in ihrem Schlosshof haben und versprach, den zu heiraten, der ihr den brennenden Wunsch nach dem dazu nötigen Wasser erfüllen würde. Einem Jüngling erschien dieses Angebot so verlockend, dass er ihr einen 22 Kilometer langen Wassergraben vom Kandel bis hinunter zu den erlauchten Gemächern baute.

Dummerweise entglitten die Hochzeitsfeierlichkeiten etwas: Die Gäste waren so betrunken, dass sie einen Frevel nach dem anderen begingen, so höhlten sie zum Beispiel Brotlaibe aus, um sie als Schuhe zu missbrauchen. Die göttliche Strafe folgte selbstverständlich auf dem Fuße: Ein fürchterliches Unwetter zog herauf, die Schleusen des Himmels öffneten sich, und die lasterhafte Gesellschaft ertrank bis auf den letzten Teilnehmer.

Einer der wenigen Überreste des Urgrabens: ein in den Fels gefräster Kanal.

»Wasserkunst«: Mit solchen Konstruktionen wurden Bergbaustollen entwässert.

Wie viele Sagen hat auch diese einen wahren Kern, in diesem Fall sogar zwei: das Unwetter und der 22 Kilometer lange Kanal, der »Urgraben«.

Rückblende: Das Suggental bei Waldkirch vor 800 Jahren. Das Tal sei so voller Häuser gewesen, dass die Katzen von der Elz bis zum obersten Hof im Tal auf den Dachfirsten gehen konnten, so die Beschreibung in der Sage von der verzogenen Göre. Nun: Das sind etwa drei Kilometer. Wenn man die Beschreibung für bare Münze nimmt, dann war die Ecke damals eine richtige Boom Area. Der Grund: Im Tal lagen die ergiebigsten Silberminen des Breisgaus. Schon die Kelten und die Römer hatten sich hier tief in den Boden gewühlt und in den oft nur einen Meter hohen Gängen das erzhaltige Gestein herausgebrochen und nach oben geschleppt – eine Schinderarbeit, die sich in den Jahrhunderten danach nicht wesentlich vereinfachte. Auch über Tage war es um 1250 n. Chr. nicht viel besser: Wer sich mit seinem Eselskarren in das Tal hineinkämpfte, sah nichts von der Schwarzwaldidylle, die man heute hier vorfindet. Und von der hohen Qualität der gepflasterten Römerstraßen war auch nichts mehr zu spüren. Durch das Tal schlängelte sich jetzt eine Erdpiste, die – je nach Wetter – rumpelig-staubig oder knöcheltief verschlammt war. Weil der Bergbau Unmengen an Holz verbrauchte, waren die Hänge links und rechts kahlgeschlagen, aus den Gruben quollen toxische Dampfschwaden, überall hochgiftige Schlackenhalden. Blei, Arsen, Cadmium sind nur drei von vielen Umweltgiften, die Wissenschaftler des Landesamts für Umweltschutz Baden-Württemberg fanden, als sie die Schwermetallbelastungen durch den historischen Bergbau untersuchten.

Trotz alledem: Das Suggental war, wirtschaftlich gesehen, eine blühende Landschaft, die ganze Gegend lebte von den Silbervorkommen. Doch im 13. Jahrhundert drohte sich das zu ändern. Jahrzehntelang hatte man die Grubengänge immer tiefer in den Schwarzwaldboden getrieben, mittlerweile hatte man das Grundwasserniveau erreicht. Das Wasser musste aus den Stollen raus, damit der Bergbau weitergehen konnte! Bloß wie?

Antwort: durch Wasser. Da noch einige Jahrhunderte bis zur Erfindung der industriell nutzbaren Dampfmaschine vergehen mussten, kam nur die Energieform »Wasserkraft« in

Frage. Sie sollte ein großes Wasserrad antreiben, das über ein Aufzugssystem Eimer für Eimer des Grubenwassers nach oben und ins Freie beförderte. »Wasserkunst« nannte sich diese Technologie, wobei »Kunst« hier eine Art Maschine meint, genauer ein riesiges Rad, das man eben antreiben musste.

Die Technik war also da. Was jetzt in dem trockenen Tal noch fehlte, waren die großen Mengen Wasser, die man zum Antrieb dieser riesigen Hebesysteme benötigte. Ergiebige Bäche gab es im regenreichen Schwarzwald schon, sie lagen aber zu weit von den Bergwerken entfernt und liefen, wie zum Beispiel am Kandel, vom Gipfelbereich in die falsche Richtung. Dieses Wasser ins Suggental zu holen war nichts Geringeres als eine geographische und physikalische Unmöglichkeit, weil neben schwierigstem Gelände auch noch drei Wasserscheiden zu überwinden waren. Kurz: Hier musste etwas gebaut werden, was es so noch nicht gab. Drei Freiburger Geschäftsleute fassten dennoch den tollkühnen Plan, eben dieses zu wagen. Die Besitzverhältnisse zu regeln, war dabei noch die geringste Schwierigkeit. Herr über das entsprechende Land war Graf Egon von Freiburg, der sicher nicht nur aus purer Nächstenliebe 1284 die Erlaubnis erteilte, den Zweribach im Südosten des Kandels anzuzapfen.

Allein schon die Planung war ein Geniestreich. Das Wasser musste einen Höhenunterschied von gut 800 Metern überwinden. Ein ausgeklügeltes System von Stau- und Verteilerbecken, Kanälen, die an steilen Berghängen entlangführten, und einem 70 Meter langen Stollen, den man durch den Luser-Fels getrieben hatte, stellten sicher, dass die Fließgeschwindigkeit über die gewaltige Strecke von 22 Kilometern hinweg konstant blieb: 300 Liter pro Sekunde flossen durch den 60 Zentimeter tiefen und 80 Zentimeter breiten Kanal – für damalige Verhältnisse ein Projekt der Superlative.

Noch im Jahr der Genehmigung, 1284, begannen die Arbeiten. Rund 100 Menschen waren auf dieser mittelalterlichen Megabaustelle beschäftigt. 1286 wurde der Urgraben fertiggestellt, ein geradezu unglaubliches Tempo, wenn man zum Vergleich heutige Großprojekte wie den Berliner Flughafen heranzieht. Das Kanalsystem war so präzise durchdacht und umgesetzt worden, dass es, obwohl heute nicht mehr viel von ihm zu sehen ist, immer noch als eines der bedeutendsten Technikdenkmäler Deutschlands gilt. Weit und breit gibt es zu dieser Zeit nichts Vergleichbares. Eigentlich wären dem wirtschaftlichen Aufstieg des Suggentals nun über Jahrhunderte keine Grenzen mehr gesetzt gewesen. Aber: Der Urgraben wurde leider keine Erfolgsgeschichte. Dies hat mit dem zweiten wahren Kern der Sage vom verzogenen Gör zu tun, dem Unwetter.

Am 14. Juli 1288, also nur zwei Jahre nach Fertigstellung des Urgrabens, zog eine verheerende Kaltfront über den Südschwarzwald. Es goss wie aus Kübeln. Aufgetürmte Halden wurden unterspült und wälzten sich als Schlammlawinen durch das Tal, die Gruben liefen voll. Schätzungsweise 100 Kumpel wurden unter Tage von der Katastrophe überrascht und eingeschlossen.

Der Silberbergbau kam nach dieser Katastrophe nicht wieder richtig auf die Beine. Als dann noch 1297 Colmarer Truppen in das Suggental einfielen und alles zerstörten, war das Ende gekommen – bereits 13 Jahre nach Baubeginn war der Urgraben Geschichte. Aber eine, die man heute noch abwandern kann.

Zwar hat der Zahn der Zeit rund 750 Jahre lang an dem Technikwunderwerk genagt und kaum etwas übrig gelassen, dennoch ist der Urgraben noch an manchen Stellen zu erkennen. Zum Beispiel am Felsenweg beim Gullenbühl hoch über dem Glottertal – dort kann man noch nachvollziehen, wie der Kanal in steile Felswände gefräst wurde. Technikgeschichte, die man im wahrsten Sinne des Wortes »begreifen« kann.

Kandel: Hexenzauber auf dem »Blocksberg des Schwarzwalds«

Zu den ungelösten Rätseln der Menschheit gehört die Frage, warum Hexen, *die* fleischgewordenen Symbole von Lasterhaftigkeit und Ausschweifung, ausgerechnet auf Reisigbesen reiten, *dem* Symbol schwäbisch-spießiger Kehrwochenreinlichkeit. Aber sie tun es nun mal, zum Glück. Denn nur diesem Umstand ist es zu verdanken, dass man in Waldkirch und Umgebung hinter die wahren Umstände eines gewaltigen Felssturzes Ende des vergangenen Jahrhunderts kam. Zumindest glaubten das einige.

Der Reihe nach. Es ist Freitag, der 1. Mai 1981. Um 0:17 Uhr erfüllt ein gewaltiges Dröhnen das Elztal: 2000 Kubikmeter Gneis brechen wie nach einem gewaltigen Handkantenschlag von der mächtigen, überstehenden Nase der Teufelskanzel ab und donnern zu Tal. Jeder dieser 2000 Kubikmeter ist 2700 Kilogramm schwer, die vieltonnenschwere Steinlast stürzt in unbewohntes Gebiet, Gott sei Dank.

Später ist zu lesen, dass das Ereignis einer sogenannten »Frostsprengung« zuzuschreiben ist, die angeblich durch den Wechsel von Tauen und Gefrieren entsteht. »Unsinn!«, wird da wohl der eine oder andere Elztäler verächtlich geschnaubt haben, denn wer die wahren Hintergründe kennenlernen wollte, der musste nur zwei und zwei zusammenzählen können.

Da war zunächst der Ort des Geschehens: Die Teufelskanzel ist ein Teil des Kandels, der mit seinen 1241 Metern nicht nur der höchste Gipfel des Mittleren Schwarzwalds ist, er gilt auch als der »Blocksberg des Schwarzwalds«, das bevorzugte Revier zum Beispiel der »Gfällrote«, ein Geisterwesen, das mit seinen beiden unsterblichen Bluthunden ganze Generationen in Angst und Schrecken versetzt hat. Dazu kommt, dass die Nacht vom 30. April auf den 1. Mai nicht irgendeine ist, sondern die Walpurgisnacht, in der, wie man ja weiß, spärlich bekleidete Hexen ekstatisch kreischend um ein loderndes Feuer tanzen und sich vom Teufel und seinen Gesellen ... aber: keine weiteren anzüglichen Details!

Und dann ist da noch die Uhrzeit des Felssturzes: nur wenige Minuten nach der Geisterstunde – halloooo?! Wem es angesichts dieser erdrückenden Beweislast jetzt immer noch nicht dämmert, der wird spätestens durch dieses Indiz überzeugt: Am Tag danach fand man einige Reisigbesen zwischen den Gesteinstrümmern!

Na? Damit waren für nicht wenige die letzten Zweifel beseitigt: Das konnten nur die Hexen gewesen sein! Sie hatten es in dieser Nacht offenbar so schlimm getrieben, dass der Fels irgendwann den Belastungen nicht mehr standhielt – da konnten die Behörden verharmlosen, so viel sie wollten. Was diese Leute vor Ort da so sicher machte, war jahrhundertealte Erfahrung in diesen Dingen, der Oberrhein war schließlich im Mittelalter eines der Zentren deutscher Hexenverfolgung gewesen.

Die Welle war von der Schweiz herübergeschwappt: 1419 taucht in Luzerner Prozessakten zum ersten Mal der deutsche Begriff »Hexerei« auf, bald darauf brennen auch am

So sinnenfroh stellte man sich die Walpurgisnacht vor. Gemälde von Luis Ricardo Falero, 1878.

Oberrhein die Scheiterhaufen zu Hunderten. Und die Hexenverbrennungen werden zu regelrechten Volksfesten: In Ettenheim bei Lahr zählt man bei einer dieser Hinrichtungen 5000 Zuschauer. Die Region bringt auch den fanatischsten Vordenker dieser unmenschlichen Praxis hervor: Im elsässischen Schlettstadt auf der anderen Rheinseite wird 1430

Die Teufelskanzel gilt als der Schwarzwälder Hexentreff.

Heinrich Kramer geboren, der 1487 den »Hexenhammer« veröffentlichen wird, ein perfides Machwerk, in dem detailliert beschrieben wird, wer als Hexe zu betrachten ist, durch welche Frage- und Foltertechniken sie überführt werden kann und wie der Prozess samt Hinrichtung abzulaufen habe. Es ist dabei kein Chauvinismus, wenn man von »Hexen« und nicht auch von »Hexern« spricht, denn die erdrückende Mehrzahl der Opfer waren Frauen. Kramers Begründung lautete verkürzt so: Frauen seien aufgrund ihrer natürlichen Schwäche und Bosheit besonders leichte Opfer für den Teufel.

Meist reichte es für eine Anklage samt »peinlicher Befragung«, wenn eine Frau Hebamme oder Kräutersammlerin war und im Umfeld zufällig ein Tier starb oder ein Mensch erkrankte. Oder ein Gewitter tobte, als sie nicht in der Kirche war. Oder, oder ... Denunziationen waren an der Tagesordnung und wurden belohnt, nicht wenige verlassene Ehemänner oder abgewiesene Freier nutzten diese Möglichkeit, um sich so für ihre erlittene Schmach grausamst zu rächen.

Wie viele Hexen in Deutschland hingerichtet wurden, kann nur grob geschätzt werden, von 40 000–60 000 ist die Rede. Die Verfolgungswellen erreichten immer dann Spitzenwerte, wenn Katastrophen oder Kriege Hunger und Not über die Menschen brachten. In

Krisen müssen eben Sündenböcke her. Ein Grundmuster, das sich bis heute erhalten hat. Zur Ehrenrettung der Oberrheinregion sei aber gesagt, dass sie auch einige der Gegenkräfte hervorbrachte, die dafür sorgten, dass die Hexenverfolgungen irgendwann ein Ende fanden. Ein Beispiel war der Fall der Agathe Gatter. Im August 1603 war ihre Mutter, die Waldkircher Wäscherin Ursula Gatter, der Hexerei für schuldig befunden und hingerichtet worden, nachdem sie unter der Folter gestanden hatte.

Nach der Hinrichtung der Mutter wurde ihre 14 Jahre alte Tochter Agathe verhört. Vermutlich aus Angst vor der Folter gestand das Mädchen, mehrere Male mit ihrer Mutter bei Hexenzusammenkünften gewesen zu sein, wo nicht nur Gott und seine Heiligen geleugnet, sondern sie auch »vom bösen Geist zu 2 unterschidlichen malen beschlaffen worden« sei. Sex mit den teuflischen Mächten – normalerweise reichte das für ein zügiges Urteil. Aber ein Rechtsgelehrter der Universität Freiburg empfahl in einem Gutachten, Agathe angesichts ihrer Jugend bis zu ihrem 16. Geburtstag gefangen zu halten und sie erst dann einer gründlichen Folter zu unterziehen.

Doch da griff unverhofft Johann Pistorius in das Geschehen ein, ein Theologe, Historiker und Arzt. Er bezweifelte die gewonnenen Erkenntnisse und stellte den Antrag, das Mädchen nochmals verhören und untersuchen zu dürfen. Dem wurde stattgegeben. Er beauftragte unter anderem einige Hebammen und vertrauenswürdige Frauen, Agathe auf Jungfräulichkeit zu untersuchen. Das Ergebnis: Das Mädchen hatte noch nie Geschlechtsverkehr gehabt. Wie hätte sie dann aber gleich zweimal Sex auf dem Hexentreffen haben können? Dieser Beweis überzeugte auch die Stadtväter, Agathe wurde im Januar 1604 begnadigt und freigelassen. Pistorius fand in Konstanz eine Pflegefamilie für sie.

Damit hatte sich etwas Entscheidendes geändert: Einer der durchwegs hanebüchen willkürlichen Schuldsprüche war durch einen naturwissenschaftlichen Gegenbeweis ad absurdum geführt worden – ein früher Vorbote der nahenden Aufklärung. Doch es sollten noch eineinhalb Jahrhunderte vergehen, bis in Deutschland zum letzten Mal ein Scheiterhaufen brannte: 1751 war das, in Endingen am Kaiserstuhl. Wiederum am Oberrhein. Hier hielt sich der Hexenglaube mit am längsten. Danach wurde er nur unblutiger.

Eine der moderneren »Hexen«, die im Gäu berühmt wurden, war Josefa Schuler, geboren 1854 in St. Peter, gestorben 1936 ebenda. In der Tat war die Dame nicht so wie die meisten anderen: 1,40 m klein, Männerhut auf dem Kopf, stets drei Röcke übereinander, sommers wie winters barfuß und Pfeife rauchend. Da ihr Lieblingsplatz, die »Platte«, eine 1000 Meter hoch gelegene Ebene war, nannte man sie das »Plattenwieble«. Dort hörte man sie oft singen. Als sie älter wurde, machte sich Josefa auch Gedanken über den Tod und fand einen sehr eigenwilligen Umgang mit dem Thema: »Wenn man sich ins Bett legt, stirbt man«, erklärte sie mehrfach und schlief fortan nicht mehr in ihrem Schlafzimmer, sondern auf der Ofenbank in der Stube. Genutzt hat es am Ende dann doch nicht, wenn man davon absieht, dass sie ihr Lebenswandel immerhin 82 Jahre alt werden ließ. Auf jeden Fall war das Plattenwieble hochgeschätzt und ob ihres freundlichen Wesens sehr beliebt. Nichtsdestotrotz: Für viele war sie die »Kandelhexe«. 500 Jahre Hexenerfahrung lassen sich eben nicht so einfach vom Tisch fegen.

Aber nehmen wir nur für einen kurzen Moment einmal an, dass in der Walpurgisnacht 1981 vielleicht doch nicht die Hexen schuld an dem Felssturz waren. Dann bleibt immer noch die Frage, wie die Reisigbesen zwischen die Steintrümmer gekommen sind. Nun, einer der behördlichen Erklärungsversuche lautete, es habe sich um Besen gehandelt, die Kletterer zur Reinigung der Felsen dort deponiert hätten. Na ja, wer's glaubt.

Blick auf den Kandel.

Den weißen Tod gibt's nicht nur in den Alpen

Wäre es an der Zugspitze, am Watzmann oder am Hochvogel passiert, wäre man sicher weit weniger erstaunt, aber: Die verheerendste Lawinenkatastrophe auf deutschem Boden ereignete sich nicht in den Alpen, sondern im Schwarzwald.

Das Wagnerstal, ein abgelegenes Tal bei Furtwangen-Neukirch, Samstag, 24. Februar 1844. Es ist 23 Uhr, als die Frau des Uhrgestellmachers Philipp Beha aus dem Schlaf aufschreckt: Ein starkes Sausen hängt in der Luft und lässt das Haus erzittern – dann ist wieder Ruhe. Wohl eine Sturmböe, denkt Frau Beha und schläft wieder ein. Doch irgendetwas, ein Gespür für Gefahr oder der Instinkt einer Mutter, lässt sie gegen vier Uhr erneut hochschrecken. Sie steht auf und schaut in das Zimmer ihrer beiden Söhne, doch deren Betten sind unbenützt. Philipp, 20, und Blasius, 23, waren am Abend zum benachbarten Königenhof gegangen, um dort mit Bauer Tritschler und dessen Söhnen Karten zu spielen.

Jetzt weckt Frau Beha ihren Mann, sie zünden eine Laterne an und wollen gemeinsam hinübergehen, doch – der Königenhof ist nicht mehr da! Erst nach einigen Schocksekunden begreifen die beiden, was passiert ist. Das Sausen war ein gewaltiges Schneebrett gewesen, das sich vom steilen, hohen Hang hinter dem Gebäude gelöst und das Haus samt den 24 Menschen, die sich zu der Zeit gerade darin befanden, einfach überrollt und mitgerissen hatte.

Der Königenhof wenige Stunden zuvor: ein stattliches Bauernhaus im Schwarzwälder Stil. Mensch und Tier leben gemeinsam unter dem tiefgezogenen Walmdach. Im Stall stehen 28 Kühe und zwei Pferde, in den Stockwerken darüber wohnen das Besitzerehepaar Martin und Wallburga Tritschler, die Mutter der Bäuerin, Maria Faller, und elf der zwölf Kinder der Tritschlers. Im hinteren Hofteil haben sich Hilar Winterhalter, seine Frau Klara, ihre vier Kinder und Klaras Schwester Katharina mit ihrem einjährigen Sohn eingemietet – insgesamt 22 Personen leben in dem Haus. Und an diesem Samstagabend kommen noch die beiden Beha-Buben als Gäste hinzu. Aber jetzt türmt sich da, wo der Hof stand, ein riesiger Haufen aus Holztrümmern und felsengroßen Nassschneebrocken auf.

Philipp Beha und seine Frau beginnen sofort im Schnee zu graben und hören ein Rufen: »Wir vier leben noch.« Bibiane Tritschler und ihre drei Schwestern sind in einem Gewirr aus Gebälk und Strohballen gefangen, das sich wie ein Schutzmantel um die vier Mädchen gelegt und verhindert hat, dass sie erstickten oder von den Schneemassen zerquetscht wurden. Später findet man auch die schwerverletzte Theresia. Inzwischen ist Hilfe aus umliegenden Gebäuden geholt worden, man beginnt jetzt das Areal systematisch zu durchkämmen und Überlebende zu bergen. Nach und nach offenbart sich das ganze Ausmaß der Katastrophe: 16 Menschen sind tot. Unter den Schneemassen findet man die Leichen der Tritschlers, von fünf ihrer Kinder und der Schwiegermutter. Ebenfalls nur noch tot geborgen werden das Ehepaar Winterhalter und zwei ihrer vier Kinder, dazu die Schwester der Frau und ihr Neugeborenes. Blasius, den 23-jährigen Sohn der Behas, findet man tot in den Resten der völlig zerstörten Stube. Sein 20-jähriger Bruder Philipp lebt noch, ist aber so stark in den Trümmern eingequetscht, dass man ihn erst am Nachmittag des Sonntags bergen kann. Eine halbe Stunde später stirbt auch er.

Tote Menschen, tote Tiere, Trümmer: Der Königenhof nach der Katastrophe.

16 Tote. Dass sich die größte deutsche Lawinenkatastrophe hier in einem Mittelgebirge und nicht in den Hochalpen ereignete, hat damit zu tun, dass die geologische und meteorologische Situation in einigen Schwarzwaldgegenden durchaus mit der in den Alpen vergleichbar ist: exponierte Kammlagen, steile und breite Hänge, ergiebige Niederschläge, hohe Windgeschwindigkeiten. »Nur weil es keine 2000 Meter hohen Berge gibt, heißt das nicht, dass wir hier nicht gefährdet sind«, zitiert die »Badische Zeitung« einen Schwarzwälder Lawinenexperten.

Wie kam es an diesem 24. Februar 1844 zu der Katastrophe? Heute sind die steilen Hänge des Wagnerstals bewaldet, damals waren sie baumlos.

Denn der Königenbauer soll ein Problem gehabt haben: Angeblich spielte er gerne und brauchte deshalb ständig Geld. Ob aus diesen oder anderen Gründen: Nach und nach fällte er die Bäume hinter seinem Hof, um sie zu verkaufen. Irgendwann war dann der ganze Hang kahlgeschlagen und verlor damit seine natürliche Schutzfunktion, was in dieser Februarnacht zur Katastrophe führte. In den Tagen zuvor hatte es heftig geschneit, doch dann kippte plötzlich das Wetter: Es begann zu regnen, eine meteorologische Situation, in der Experten heute augenblicklich die höchste Lawinenwarnstufe ausrufen. Denn der Altschnee auf dem Boden ist keine einheitliche weiße Decke, sondern ein Übereinander aus mehreren Schichten mit unterschiedlichen Eigenschaften, die mit den Temperaturen an den Tagen, an denen es geschneit hatte, zu tun haben: Mal war trockener Pulverschnee gefallen, dann hatte es feuchte, dicke Flocken geschneit, dann vereiste vielleicht eine aufgetaute Fläche in einer kalten Nacht wieder. Diese Schichten liegen oft unverbunden aufeinander wie Orientteppiche bei einem Händler. Und wenn nun die oberste Schicht durch einsetzenden Regen gründlich durchnässt wird, wird sie so schwer, dass sie auf steilen Hängen ihren Kontakt zur Schicht darunter verliert und auf einem Wasserfilm ins Rutschen kommt. Und wenn dann ein solches ins Gleiten geratenes Nassschneebrett ungehindert zu Tal rutscht, entwickelt es eine so hohe Geschwindigkeit, dass es alles niederwalzt, was ihm im Weg steht: Bäume, Scheunen, ganze Häuser. So wie den Königenhof.

Die grauenvolle Bilanz: In dem Haus sind neben sieben Kindern alle Erwachsenen umgekommen. Bei den Tritschlers überleben sechs Kinder, die sowohl Mutter, Vater, Oma als auch fünf Geschwister verloren haben. Von den Winterhalters leben nur noch der neunjährige Paul und der sechs Jahre alte Anton. Acht Vollwaisen müssen jetzt irgendwie versorgt werden, im Nachbarhaus beklagen die Behas den Tod ihrer beiden Söhne.

Wie es mit den überlebenden Kindern weiterging, ist nur bruchstückhaft bekannt. Die »Badische Zeitung« besuchte einen Nachfahr der Tritschlers, den Wirtschaftswissenschaftler Edgar Tritschler, der sich seit vielen Jahren der Erforschung seiner Familiengeschichte widmet. »Das Schicksal der Verunglückten war der Gesellschaft nicht gleichgültig. Es gibt Kirchenkollekten, der Großherzog spendet 500 Gulden, der Fürst zu Fürstenberg gewährt dieselbe Summe, in Donaueschingen findet ein Benefizkonzert statt. Jedoch stellte der Neukircher Pfarrer zwei Monate nach dem Lawinenabgang fest: Die Tritschler'schen älteren Kinder ziehen heimatlos umher.« So der BZ-Artikel. Es dauerte bis in die heutige Zeit, bis der Lebensweg der überlebenden Kinder nachvollzogen werden konnte: Der damals elfjährige Matthäus brachte es in London zum Uhrenhändler, er zog später wieder in den Schwarzwald zurück, wo er 1861 starb. Die 16-jährige Theresia heiratete 1853 und starb bei der Geburt ihres sechsten Kindes. Bibiana geriet in einen Abwärtsstrudel, fünf uneheliche Kinder von fünf Vätern, Alkohol. Die Zwillinge Leo und Julius wuchsen bei ihren Paten auf, danach verliert sich ihre Spur.

Erinnerung an die schlimmste Lawinenkatastrophe auf deutschem Boden.

In den Alpen gibt es für solche jungen Überlebenden einen Begriff: »Lawinenkinder«. Sie sind oftmals ihr ganzes Leben lang von der Katastrophe gezeichnet. So wie Helga Nesensohn-Vallaster aus Schruns im Montafon, die 1954 im Alter von fünf Jahren die Mutter und ihre kleine Schwester verlor, als – ähnlich wie im Wagnerstal – eine Lawine ihr ganzes Haus mitriss und zerstörte. »Ich habe nach dem Unglück stark gestottert, was deshalb besonders schlimm war, weil ich bei fremden Leuten untergebracht war, der Vater musste ja das Haus wieder aufbauen. Und diese Leute hatten nicht die Geduld, zu warten, bis ich herausgebracht habe, was ich sagen wollte.«

Der Schwarzwald im Winter birgt Gefahren.

Die kleine Helga verkroch sich deshalb immer stärker in sich selbst, wurde immer mehr zur Außenseiterin, was zum Beispiel in der Schule von den Mitschülern gnadenlos sanktioniert wurde. Sie musste erst über 60 werden, bevor sie ihren Sprachfehler in den Griff bekam. »Mein Sohn sagte: Du musst das, was du erlebt hast, endlich verarbeiten, aufschreiben, Vorträge halten.« Aufschreiben ging ja noch, aber Vorträge halten? Als Stotterin? Doch Frau Nesensohn-Vallaster ging das Wagnis ein und verlor nach einem holprigen Anfang ihr Handicap völlig. Heute ist sie in Medien und bei Diskussionsforen eine gefragte Augenzeugin und Lawinenexpertin.

Im Schwarzwald sind Lawinen bei entsprechenden Wetterlagen auch heute noch eine große Gefahr. Am letzten Januartag 2021 starb am Fuß des Feldbergs eine junge Frau, die zunächst in ein Schneeloch gefallen war und danach von mehreren Lawinen überrollt wurde. Im Dezember 2019 wurde ein Skitourengeher am Feldberg verschüttet, konnte jedoch von seinen Mitwanderern noch rechtzeitig befreit werden. Vier Jahre zuvor hatten zwei Skiwanderer weniger Glück: Ebenfalls am Feldberg starb ein 20-Jähriger unter den Schneemassen, etwa eine Stunde später wurde eine 58 Jahre alte Frau am nahegelegenen Herzogenhorn von einer Lawine erfasst und getötet.

Das schwerste Lawinenunglück in der europäischen Geschichte forderte übrigens geschätzt über 5000 Menschenleben. Dass man darüber kaum etwas in den zeitgenössischen Medien findet, hat damit zu tun, dass die Opfer Soldaten waren und im Ersten Weltkrieg an der Dolomitenfront kämpften. Als es nach tagelangen Schneefällen in der Nacht zum 13. Dezember 1916 zu regnen begann, geschah Ähnliches wie im Wagnerstal: Gewaltige Nassschneelawinen lösten sich in den Steilhängen und begruben die Soldaten in ihren Stellungen gleich kompanieweise, auf österreichischer Seite ebenso wie auf der italienischen. Doch die gewaltigen Opferzahlen fielen unter das Militärgeheimnis. So hieß es in der österreichischen Tageszeitung »Der Tiroler« in den Tagen nach der Katastrophe wie an jedem anderen Tag nur lapidar: »Am italienischen Kriegsschauplatz ist die Lage unverändert.«

Die Opfer aus dem Wagnerstal sind dagegen noch bis heute vor Ort im Gedächtnis geblieben. Es gibt Gedenktafeln, Vorträge, ein Theaterstück, die Lokalzeitungen berichten an den Jahrestagen immer wieder. Die 16 Toten des Königenhofs liegen auf dem Furtwanger Friedhof in einem Gemeinschaftsgrab. Der weiße Tod – er fordert auch im Schwarzwald Opfer.

Notschrei: Wie der Schwarzwaldpass zu seinem seltsamen Namen kam

Er führte den badischen 1848er-Aufstand an: Friedrich Hecker, mit dem »Heckerhut«.

»Nothschrei!« » Welch ein seltsam Wort?«
Hört man viele Fremde sagen.
Was geschah an diesem Ort,
Warum »Nothschrei?«, hört man fragen.
Volksdichtung, Verfasser unbekannt

Wenn sich schon ein Poet mit diesem ungewöhnlichen Flurnamen beschäftigt, dann muss doch einfach ein hochdramatisches Ereignis dahinterstecken, oder? Raten Sie mit: War der »Notschrei«

a) der verzweifelte Schrei einer schönen Försterstochter, als sie über der Leiche des feschen, aber leider wildernden Geliebten zusammenbrach,

b) der Schreckensruf einer Gruppe braver badischer Grenadiere, als sie sich von blutrünstigen Räubern umzingelt sahen, oder

c) ein straßenrechtliches Planfeststellungsverfahren mit behördlicherseits verzögerter Ausschreibung des Bauvorhabens trotz hoher lokaler Dringlichkeit?

Es mag den einen oder anderen enttäuschen, aber die richtige Antwort ist »c«. So strunzlangweilig das auch klingen mag: In Wirklichkeit geht es hier um eine spannende Geschichte mit armen Bürstenbindern, kapitalistischen Fabrikbesitzern, aufrührerischen Schwarzwäldern, revolutionären Heerführern, einer 29 Jahre dauernden Schlacht mit der badischen Regierung in Karlsruhe und einem Happy End.

Ort und Auslöser des Dramas ist das Wiesental, das nicht wegen seiner üppiger Grünflächen so heißt, sondern wegen der »Wiese«, einem knapp 58 Kilometer langen Fluss, der am Feldberg entspringt und bei Basel in den Rhein mündet. Dieser Fluss unterscheidet sich von vielen anderen im Schwarzwald in zweierlei Hinsicht: Er hat ein starkes Gefälle und einen relativ konstanten Wasserstand – bietet also beste Voraussetzungen für die Herstellung von Energie durch Wasserkraft. Er ist, wie man heute sagen würde, 24/7 nutzbar.

Deshalb war das Wiesental eines der am frühesten entwickelten Industriegebiete des Großherzogtums Baden, das von 1806 bis zur Gründung des Deutschen Reichs 1871 ein souveräner Staat war. Man könnte also sagen: Das Wiesental war der Ruhrpott Badens. Nach dem Niedergang der Bergbauindustrie hatten sich dort vor allem Textilmanufakturen angesiedelt, die 20 000 Wiesentäler ernährten.

Todtnau, im obersten Zipfel gelegen, hatte sich zum Beispiel zu einem Zentrum der Bürstenindustrie entwickelt, nachdem ein cleverer Müllerssohn Ende des 18. Jahrhunderts entdeckt hatte, dass man in kurzer Zeit sehr viele Bürsten herstellen kann, wenn man die Arbeitsschritte smart aufteilt: A stellt das Bürstenholz her und bohrt Löcher, B sammelt Schweineborsten, C bindet sie zu Büscheln, D zieht sie durch die Löcher, der Letzte fixiert sie mit flüssigem Pech – fertig.

Der Aufstieg Todtnaus und seiner Dörfer drum herum zur Industriemetropole stieß jedoch sehr schnell auf ein Problem: Die Waren mussten in die reichen Städte und Dörfer des Rheintals gebracht werden. Das verhinderte allerdings eine bis zu 1100 Meter hohe Mauer aus Schwarzwaldbergen, die – flussabwärts gesehen – die rechte Seite des Wiesentals begrenzte. Lediglich ein schmaler, steiler Pfad führte von Todtnau über den Gebirgskamm und dann über Oberried nach Freiburg, allenfalls mit zweirädrigen Handkarren zu bewältigen, und das auch nur in den schneefreien Monaten und an regenfreien Tagen. Die aufkommende Massenproduktion erforderte jedoch schnellere und verlässlichere Transportwege, auf denen man Waren gleich in großen Pferdewagenladungen von A nach B bringen konnte.

1819 hatten sich deshalb die Gemeinden Todtnau, Muggenbrunn und Aftersteg an die großherzogliche Regierung gewandt, mit der Bitte, doch eine Verbindungsstraße zwischen Todtnau und Oberried zu bauen. Leider vergeblich, denn man war in Karlsruhe gerade anderweitig beschäftigt: Zwei Jahre zuvor hatte man begonnen, den amazonasgleichen Rhein durch Johann Gottfried Tulla begradigen zu lassen. Ein Riesending, da konnte man sich doch nicht auch noch um die Problemchen einiger Bürstenmacher im hintersten Schwarzwald kümmern, oder?

So dauerte es 23 Jahre, bis die Wiesentäler erneut in Karlsruhe vorstellig wurden, diesmal mit deutlich dickerem Hals. Zwischen Nürnberg und Fürth fuhr jetzt schon im siebten Jahr eine Eisenbahn, nur die Wiesentäler sollten noch ihre Waren über elende, schlammige Eselspfade schleppen!

In der Petition an die II. Badische Kammer in Karlsruhe von 1842 klang das so:

»Meine Herren, lassen Sie uns also ... dafür sorgen, daß dem regsamen Schwarzwälder sein einfaches Mahl nicht wie bis dahin durch Mangel einer Straße so sehr besteuert werde, wo er zur nämlichen Zeit als die Erdäpfel in Freiburg 7 und 8 kr (=Kreuzer) kosten, in Todtnau 24 bis 28 kr und für das Kraut statt in Freiburg 3 fl (= Gulden) in Todtnau 9 fl bezahlen muß.«

Die glasklare Botschaft hinter diesen gesetzten Worten lautete: Wenn Grundnahrungsmittel an einem Ort drei bis viermal so teuer sind wie an einem anderen und nur deshalb, weil sich der Staat nicht um eine vernünftige Infrastruktur kümmert, dann ist man auf dem besten Weg, hier einen sozialen Brennpunkt zu schaffen. Punkt.

In der Petition hieß es weiter: »Meine Herren, bedenken Sie, solchen Zustand bei einer Entfernung von kaum sechs Stunden vom fruchtbaren Breisgau, einen Zustand, dem mit 20 000 fl abgeholfen werden könnte!« 20 000 Gulden, das hätte man – siehe die Preisvergleiche oben – schon mit 3333 Krauthandelsvorgängen wieder hereingeholt, genug

Menschen lebten ja im Wiesental. Damit war auch diese zweite Botschaft für damalige Verhältnisse unmissverständlich: Einen massiven Missstand nicht anzugehen, der mit vergleichsweise geringen Kosten behoben werden konnte – das würde in der Bevölkerung auf null Verständnis stoßen.

Um die Worte des Bittstellers richtig einschätzen zu können, muss man wissen, wes Geistes Kind dieser Mann war. Ernst-Friedrich Gottschalk aus Schopfheim, Fabrikant und badischer Landtagsabgeordneter, bekannte sich schon früh zu den Liberalen – wobei »Liberaler« damals ein Synonym für »radikaler Freiheitskämpfer« war. So wird Gottschalk sechs Jahre nach seiner Petition in seiner Heimatstadt den badischen Revolutionsführer Friedrich Hecker empfangen. Was Gottschalk den hohen Herren im Landtag also sagen wollte: »Tut endlich was, sonst knallt es – und zwar bald. Die Lunte brennt schon.«

Trotz der kaum verhohlenen Drohung blieb Karlsruhe unentschlossen. Die Einsicht in die Notwendigkeit der Straße kam erst später, mit freundlicher Unterstützung der schlesischen Weber. Ihr Aufstand war 1844 zwar von der Obrigkeit niedergeschlagen worden, aber er war ein Fanal, zu was das Volk in der Lage war, wenn man seine Nöte nicht wahrnehmen wollte. Und im selben Jahr begann in vielen europäischen Ländern auch noch eine verheerende Hungersnot, ausgelöst durch die Kartoffelfäule, die auch im Schwarzwald gleich mehrere Ernten hintereinander vernichtete.

Das hieß: Zu den immensen Lebenshaltungskosten, die bis zu 400 Prozent über denen im Rheintal lagen, kamen im Wiesental jetzt noch die Teuerungen durch die Lebensmittelknappheit. Darüber hinaus verloren in dieser Krise immer mehr Menschen ihren Arbeitsplatz und verelendeten.

In dieser Situation verfasste Gottschalk zusammen mit anderen Wiesentälern 1847 eine weitere, in äußerst drängendem Ton gehaltene Petition, eben jenen »Notschrei«, den man in Karlsruhe endlich verstand – schon allein deshalb, weil sich überall im Südwesten Freiheitsbewegungen zu gründen begannen. Und die – das hatten Gottschalk und seine Mitstreiter klargemacht – waren ein Sammelbecken auch für die vielen frustrierten Wiesentäler, die durch die Hartleibigkeit ihrer Regierung in Not gekommen waren.

Jetzt ging es plötzlich Schlag auf Schlag. Am 13. November 1847 fiel die Entscheidung für das Straßenbauprojekt im Karlsruher Landtag, schon kurz danach begannen die Bauarbeiten, bei denen immerhin 660 Höhenmeter überwunden werden mussten. Bereits am 13. November 1848, also auf den Tag genau ein Jahr nach Beschlussfassung, konnte das sieben Kilometer lange Teilstück zwischen Oberried und der Passhöhe eingeweiht werden.

Puh – gerade noch rechtzeitig. Denn im April des Jahres hatte am Bodensee der »Heckerzug« begonnen, eine Sammelbewegung von Aufständischen, die unter der Führung des Revolutionärs Friedrich Hecker von Stadt zu Stadt und von Dorf zu Dorf zog, um Mitkämpfer zu werben. Das Ziel sollte Karlsruhe sein, wo man die Regierung stürzen wollte. Im Spätsommer 1848 hatte eine zweite Volkserhebung, der »Struve-Putsch« unter Gustav Struve, begonnen, der am 21. September mit der Ausrufung der »Deutschen Republik« im nahen Lörrach einen für Monarchisten erschütternden Höhepunkt gefunden hatte. Und bereits am 21. Februar 1848 war in London das »Manifest der Kommunistischen Partei« der Herren Marx und Engels erschienen. Kurz: Es brannte an allen Ecken und Enden.

Was übrigens dazu führte, dass der Weiterbau der Straße hinunter nach Todtnau wegen der unsicheren Lage erstmal auf Eis gelegt werden musste. Erst in den Jahren 1852 bis 1855 konnte weitergemacht werden. Aber immerhin hatte die großherzogliche Regierung ein Zeichen des guten Willens gesetzt – in letzter Minute. Ob der Bau der Straße wirklich

Ein Gedenkstein auf der Passhöhe erinnert an die Einweihung der Notschreistraße.

die Wiesentäler am massenhaften Überlaufen zu den Aufständischen hinderte, ist ungewiss. Dass die Revolutionäre Hecker und Struve gerade im Schwarzwald gescheitert waren, hatte jedenfalls viele andere Gründe. Zumindest der Pass hatte jetzt seinen Namen weg – aber das lässt sich auch poetischer ausdrücken. Deshalb soll der unbekannte Dichter, der das erste Wort hatte, auch das letzte haben:

Straße, drum dem Wandrer sage,
Der nach Todtnau-Freiburg strebt,
Daß Du wardst durch Nothschrei's Klage –
»Nothschrei« drum im Volksmund lebt.

Warum es am »Euting-Grab« immer am 11. Juli kostenlos Mokka gibt

»Guten Tag, dürfen wir Sie auf einem Mokka einladen?« Was dieses freundliche Angebot äußerst ungewöhnlich erscheinen lässt, sind Zeitpunkt und Ort, zu beziehungsweise an dem es gemacht wird: Einmal im Jahr, am 11. Juli nachmittags, auf etwa 1000 Meter Meereshöhe, mitten im Wald, am Rand des legendären Westwegs zwischen Darmstädter Hütte und Ruhestein, dort, wo man einen atemberaubenden Blick auf den 120 Meter tiefer gelegenen Wildsee hat.

Diese Aussicht hatte auch Julius Euting offenbar so sehr fasziniert, dass er beschloss, dort begraben sein zu wollen. Ein Grab mitten im Schwarzwald? Gibt es da nicht den sogenannten Friedhofszwang, der Bestattungen an anderen Orten als auf Friedhöfen verbietet? Nun: Julius Euting war eben nicht irgendwer, sondern seit 1880 Professor für semitische Sprachen an der Kaiser-Wilhelm-Universität Straßburg und geschätztes Mitglied sowohl

Andrang am Eutinggrab: Immer an seinem Geburtstag gibt es Gratis-Mokka für alle.

der Académie française in Paris als auch der Königlich Preußischen Akademie Berlin. Ab 1900 war er Direktor der Universitäts- und Landesbibliothek in Straßburg, das in diesen Zeiten noch, wie das gesamte Elsass-Lothringen, zum Deutschen Reich gehörte. Und nebenbei verdiente er sich noch den Beinamen »Ruhesteinvater«. Klingt etwas nach verstaubtem Bücherwurm, den es am Wochenende in den Schwarzwald zog. Klingt aber nur so, denn: Dieser Mann hatte ein Leben gelebt, das Karl May vorlog als »Kara Ben Nemsi« gehabt zu haben.

Von Anfang an. Am 11. Juli 1839 wird Julius Euting in eine Stuttgarter Beamtenfamilie hineingeboren. In der Schule ist er so gut, dass er danach ein Stipendium am Evangelischen Stift in Tübingen erhält, wo er die orientalischen Sprachen Äthiopisch, Arabisch, Chaldäisch, Hebräisch, Persisch, Phönizisch, Sanskrit und Syrisch studiert – acht Sprachen, von denen wohl bereits jede einzelne den Großteil von uns beim Erlernen an die intellektuellen Grenzen bringen würde. Damit nicht genug: Später werden noch acht weitere dazukommen, weshalb Euting auch in Anspielung auf seine geringe Körpergröße von seinen Kollegen als »Sechzehnsprachenmännle« bezeichnet wird.

Sechzehn Sprachen! Schon allein das spricht für die unbändige Energie und den unstillbaren Wissensdurst dieses Mannes. Mit knapp 23 promoviert er mit einer Arbeit über die dritte Koransure mit ihren 200 Versen. Fünf Jahre später besteigt der 28-Jährige in Ulm ein Segelboot und segelt die Donau hinunter, über Wien und Budapest, dann weiter über das Schwarze Meer bis nach Istanbul, Izmir und Athen, von wo es über Korfu und Brindisi wieder zurück ging – was für ein Typ!

Das war Orientreise Nummer 1, sieben weitere werden bis 1903 folgen. In den entlegensten Gegenden entziffert er, der mittlerweile an die Uni Straßburg gewechselt ist, alte Schriften, fertigt Kopien von Inschriften an, macht Gipsabdrücke. Er sammelt alles, was er über eine Sprache finden kann, zu einer Zeit, in der Reisen noch anders war als heute. Ganz anders.

»Unsere Karawane bestand also aus mir, Rdejjân, Sâlim, Muhammed und 'Obeid: wir hatten zusammen vier Thiere. Nun rasch von Sa'id Abschied genommen und hinaus zum Thore von el-`Öla! Wir ritten zuerst in den breiten Wâdi el-Gisl nach Süden, bogen dann nach Westen um in den Sa'ib Umm Hasim, später in den grossen Sa'ib Abu Béli. Unterwegs machten wir Thee und Brod; dabei tötete ich eine giftige Schlange durch einen Pistolenschuss.«

Karl May, »Durch die Wüste«, 1892? Nein, Julius Euting, »Tagebuch einer Reise in Inner-Arabien«, 1896! Wie sein Zeitgenosse Karl May (Euting war drei Jahre älter) schrieb das schwäbische Sprachengenie Bücher über Reiseabenteuer in Arabien. Nur: Die von May waren frei erfunden, Eutings dagegen selbst erlebt. Wie zum Beispiel die Geschichte der schicksalhaften Nacht vom 30. auf den 31. März 1884, als die kleine Karawane in einem ausgetrockneten Wadi im Hinterland der Hafenstadt al-Wadschh am Roten Meer ihr Lager aufschlug. Dann – mitten in der Nacht – der Alarmruf eines Wächters: Räuber!

»Ich selbst rannte im bloßen Hemds mit dem Revolver voran und commandirte: »Jallâh, wên el-kilâb, bismillâ!« (Vorwärts, wo sind die Hunde? Im Namen Gottes). Zugleich verführten meine Begleiter ein großes Kriegsgeschrei ... Ich frage Sâlim, wo denn die Kerle seien. Er sagte »Halt, halt, gleich hinter dem nächsten Busch; ich habe sie gesehen, wie sie Feuer geschlagen haben (um ihre Luntenflinten anzuzünden). Feure nur drauf los!«. Ich feuerte also drei Revolverschüsse hintereinander in den Busch aufs Gradwohl hinein ... Dann feuerten die beiden anderen ihre Flinten ab, und alles war mäuschenstill ...

31. März 1884. Der Würfel war gefallen; ich hatte meinen Mann erschlagen. Unter den Brüdern und Stammesgenossen des Mannes, der durch meine Kugel gefallen war, war ich verfehmt. Ihre heilige Pflicht war es, an mir Blutrache zu üben. Jetzt musste ich auf der Hut sein ... Mir wurde erzählt, der Kerl, den ich erschossen hätte, hieße Sleimân ibn Selâmah; er sei nach Kurzem noch in der Nacht gestorben; die Kugel sei ihm durch die Schulter von oben hinab in die Lunge gefahren und durch den Rücken hinaus.«

(Tagebuch einer Reise in Inner-Arabien, Hildesheim, Zürich, New York 2004, S. 286 ff)

Der kleine Geisteswissenschaftler steckte übrigens solche Aufregungen überraschend cool weg: »Ich hätte nie geglaubt, dass, wenn man einen oder gar zwei Menschen erschossen hat, man so wenig Gewissensbisse danach empfindet (den Krieg natürlich ausgenommen), und darauf so gut und herrlich schläft. Mag sein, weil ich die Cadaver nicht gesehen habe.«

Als so richtig schlimm empfand er eine Situation offenbar nur dann, wenn der Kaffee ausgegangen war. Türkischer Mokka war geradezu eine Leidenschaft für den Straßburger Orientalisten, das Wandern eine andere. 1872 wurde er zum Mitbegründer der Sektion Straßburg des Vogesenclubs, sein Lieblingswandergebiet lag jedoch auf der anderen Seite des Rheins, in den Wäldern um den Ruhestein. Diese Gegend war damals, lange vor dem Bau der Schwarzwaldhochstraße, touristisch noch weitgehend unerschlossen. Euting engagierte sich im Schwarzwaldverein, er regte den Bau von Wanderwegen an, kümmerte sich um eine durchgehende Beschilderung und ermutigte die Wirte kleiner Schwarzwaldbeizen an den Wegen, ihre bescheidene Gastronomie durch Anbauten größer aufzuziehen. Zugleich sorgte er per Empfehlung für Laufkundschaft und Übernachtungsgäste. So erarbeitete er sich seinen Ruf als »Ruhesteinvater«. In dieser Zeit wurde auch sein Wunsch immer stärker, dort einmal begraben zu sein. Doch seine Eingabe an die königlich-württembergische Regierung in Stuttgart war zunächst erfolglos: Sein Begehren wurde rundweg abgelehnt. Aber einen Mann, der Giftschlangen, Blutrache und Raubüberfälle in Arabien überstanden hatte, ließ diese behördliche Hartleibigkeit unbeeindruckt. Er probierte es einfach so lange, bis er

Sprachwissenschaftler Euting auf Forschungsreise im Orient.

Das »Sechzehnsprachenmännle« Julius Euting im Jahr 1880 (1839–1913).

schließlich doch noch ein »Go« aus Stuttgart erhielt. Eutings Reaktion darauf ist ein schöner Beleg für den skurrilen Humor dieses Mannes: Er stellte an der Stelle einen großen Findling auf und ließ sich daneben fotografieren. Auf 10,5 x 14,8 cm vergrößert schickte er das Foto als Postkarte an Verwandte und Bekannte – Aufschrift: »Prof. Dr. Julius Euting an seiner künftigen letzten Ruhestätte.«

Am 2. Januar 1913 war es so weit, Julius Euting stirbt mit 74 Jahren in Straßburg. Seine Urne wird wie gewünscht neben dem Findling hoch über dem Wildsee beigesetzt. Die königliche Ausnahmegenehmigung galt für die nächsten 99 Jahre, was bedeutet, dass Eutings letzte Ruhestätte seit Anfang 2012 – Stichwort »Friedhofszwang« – als wildes Grab einzustufen ist. Hermann Notz, Vorstandsmitglied der Tübinger Julius Euting-Gesellschaft, sieht diesen Umstand jedoch tiefenentspannt: »Wenn man den Begriff ›Eutinggrab‹ zum Beispiel in Google Maps eingibt, bekommt man sofort den Standort – das Grab ist mittlerweile ein fester Bestanteil des Schwarzwalds geworden, das lässt sich nicht mehr rückgängig machen.« Zudem hat kein Mensch, egal ob Politiker, Behördenbeamter oder Naturschützer, überhaupt ein Interesse, daran etwas zu ändern.

Dass das Grab so bekannt geworden ist, dass selbst Google Maps nicht daran vorbeikommt, hat auch mit einem ungewöhnlichen Unterpunkt in Eutings Testament zu tun. Dort verfügte er, dass jedes Jahr an seinem Geburtstag jedem Wanderer, der an seinem Grab vorbeikomme, eine Tasse echten arabischen Mokkas und ein Trunk Wasser gereicht werden solle. Dafür stellte er auch einen größeren Betrag ein.

Inzwischen hat die Julius Euting-Gesellschaft diese Verpflichtung übernommen und muss in immer größeren gastronomischen Dimensionen denken. Denn es kann gut sein, dass 150 bis 200 Wanderer vorbeikommen, sich die Reden und Anekdoten über diesen ungewöhnlichen Mann anhören, gemeinsam singen und dann auf ihren Mokka bestehen.

Wer also in den Genuss dieses ebenso kostenlosen wie echt arabischen Mokkas mitten im Schwarzwald kommen will, der muss nur am 11. Juli zwischen 14:30 und 17 Uhr am Grab dieses ungewöhnlichen Mannes vorbeiwandern. Und wenn das bei Ihnen dieses Jahr nicht klappen sollte, dann eben nächstes. Oder übernächstes. Inschallah.

Postkarte von 1902 mit der Abbildung des »Ruhsteinvaters« Euting.

2
Der Ruhsteinvater Professor Dr. Euting.

Schwarzwaldleben 1902: eine Party, die zum wirtschaftlichen Ruin führt

Die Szene wirkte wie aus einem Heimatfilm der frühen Fünfziger: Zwei junge Bauersfrauen, altmodisch gekleidet mit langen, schweren Röcken, groben Baumwollblusen, Schürzen, Kopftüchern, zerren an einem Seil ein jämmerlich quiekendes Schwein aus der Stalltüre ins Freie. Das panische Verhalten des Tieres lässt kaum Zweifel offen: In wenigen Augenblicken wird es vor seinem Schlachter stehen – aber halt!

Die beiden Frauen versuchten lediglich, dem Schwein einen angenehmen Vormittag an der frischen Luft zu verschaffen, und folgten dabei den Anweisungen eines Handbuchs. Da stand unter dem Stichwort »Saukremme«: »Die Saukremme ist das Außengehege für das Schwein. Hier kann es täglich für ein paar Stunden grasen, anderes Frischfutter fressen und sich suhlen.« 20 Meter vom Stall entfernt lag dieses kleine, 20 x 30 Meter messende Areal, beschattet durch das dichte Laub eines Obstbaums, ausgestattet mit einer kleinen Tränke. Ein paar Stunden raus aus dem dunklen Stall und sich im Matsch wälzen – kann man es als Schwein schöner haben? Und dann schreit die dumme Sau, als ob sie zum Schlachter müsse! Diese Szene war eine Schlüsselsequenz in dem ARD-Zeitreiseprojekt »Schwarzwaldhaus 1902 – Leben wie vor 100 Jahren«.

Ich hatte das Fernsehformat mit einigen KollegInnen entwickelt, weil uns interessierte, wie man noch in gar nicht so weiter zeitlicher Entfernung im Schwarzwald lebte. In guter Luft auf einem der vielen idyllischen Schwarzwaldhöfe mit täglich Räucherspeck, frischer Butter und knusprigem Holzofenbrot auf dem Vesperbrett? Um das herauszufinden, suchten wir eine Familie, die in einem auf den technischen Zustand von 1902 zurückgebauten Hof im Münstertal drei Monate unter den Bedingungen von damals leben musste: ohne Web, WC und Waschmaschine.

Gedreht wurde 2001, ausgestrahlt wurden die vier Folgen 2002, eben 100 Jahre nach 1902. Ende Juli 2001 war die Berliner Familie Boro – Vater Ismail, 47, Ingenieur, aus der Türkei stammend, Mutter Marianne, 44, Kindergärtnerin, Reya, 18, und Sera, 15, Schülerinnen und Akay, 10, Grundschüler – zunächst in ein einwöchiges Trainingslager im Schwarzwälder Freilichtmuseum Vogtsbauernhof gegangen, wo sie mit den wichtigsten Arbeiten des Bauernlebens vertraut gemacht wurde.

Für alle später aufkommenden Fragen gab es ein umfangreiches Handbuch. Anfang August zogen die Boros im Kaltwasserhof ein, mit Schwein Barny, einigen Ziegen, Hasen, Hühnern und zwei Kühen, von denen eine in den nächsten Wochen ein Kalb zur Welt bringen würde. Was die Familie in den kommenden drei Monaten erleben sollte, machte schonungslos klar: Schwarzwaldleben war früher eine nicht enden wollende Abfolge von Schinderei und Schwierigkeiten. Mähen, Füttern, Melken, Feuermachen, Kochen, Holzspalten, Brotbacken, das ständige Verarbeiten der Milch in diesem kühlschranklosen Haushalt: jede Menge Arbeit. Und dazu auch noch Barny und sein Geschrei. Die Schwestern versuch-

Das »Schwarzwaldhaus« heute: ein bisschen verwildert, aber immer noch schön.

ten es mit allen erdenklichen Mitteln, zerren, schieben, mit Seil, ohne Seil – in der ersten Folge der vierteiligen Zeitreise fand das Problem keine Lösung.

In Folge zwei hatte Ismail einen Tipp erhalten: Man muss das Schwein nur an den Ohren und am Schwanz packen, dann würde es bereitwillig folgen. Möglicherweise funktioniert diese Strategie bei 99,99% aller Schweine, aber leider nicht bei Barny. Binnen Sekunden war die Luft wieder erfüllt von ohrenbetäubendem Protestgeschrei. Wie um aller Welt könnte man dieses Tier zu seinem Glück zwingen?

Die Boros wandten sich an den Bauern vom Nachbarhof. Und der hatte einen Rat: Das Schwein mit dem Hintern zum Ziel, also der Saukremme, drehen und einen Eimer über den Kopf stülpen. Da das Schwein den Kopf aus dem Eimer ziehen will, geht es rückwärts. Man muss also nur so lange mit dem Eimer nachrücken, bis das Tier die Kremme erreicht hat. Klang einleuchtend. Nur: Das Schweinequieken wurde durch die Resonanzeigenschaften des Blecheimers zu einem so ohrenbetäubenden Lärm verstärkt, dass es fast nicht auszuhalten war. Das Schwein war am Ende zwar in der Saukremme, die ganze Familie aber mit den Nerven am Ende.

Der nächste Rat kam vom pensionierten Tierarzt des Münstertals. Sein Lösungsvorschlag hätte aus einem Motivationsseminar für Manager stammen können: Man muss Anreize schaffen! Zum Beispiel ein paar Apfelstücke auf den Weg streuen. Und wirklich. Barny stutzte zwar kurz, als die Tür zu seinem Schweinekoben geöffnet wurde und dort ein Stück Apfel lag, aber eben nur kurz. Und an der Stalltür lag schon das nächste. Und vier Apfelschnitze später war das Tier in der Saukremme, ganz ohne Geschrei.

Die Boros waren erleichtert: Endlich war Schluss mit dem Theater, wohltuende Ruhe kehrte im Schwarzwaldhaus ein. In der dritten Folge war dann folgende Szene zu sehen: Ismail öffnete die Tür zum Schweinekoben und ging mit den Händen in den Hosentaschen lässig zur Saukremme, während Barny schwanzwedelnd neben ihm hertrottete. Ein Bild tiefsten Friedens.

Also alles gut? Leider nicht. Die Sache mit Barny nahm eine etwas traurige Wendung, die Ursache dafür war ein Geburtstag, der aber eben so gefeiert wurde, wie man es heute

Zweieinhalb Monate lebte Familie Boro hier wie vor 100 Jahren.

tut: am Geburtstag. Und das passte nicht zu den harten Bedingungen von 1902. Bereits bei der Recherche war uns Machern klar geworden, dass sich alles den bäuerlichen Notwendigkeiten unterzuordnen hatte. So wurde praktisch auf allen Höfen derselbe strenge Tagesablauf penibel eingehalten:

05:00 Aufstehen, Feuer im Herd machen, Töpfe aufsetzen, Grünfutter holen, Vieh füttern, Kühe melken, Milch zentrifugieren, Kälber- und Schweinetränke richten, Kälber tränken, striegeln, Schweine füttern und ausmisten, Hühner füttern, Morgenessen zubereiten

07:00 Morgenessen, Spülen, Geschirr und Melkgeschirr versorgen, Holz hacken, Küche und Stube in Ordnung bringen (putzen, fegen), Betten machen, Kartoffeln für Schweine kochen, Feldarbeit je nach Jahreszeit, Vesper richten (»Ninibrot«), Vesper aufs Feld bringen

09:00 Vesper

09:15 Je nach Jahreszeit Waldarbeit, Felder bestellen und hacken, Heu-, Getreide- oder Kartoffelernte, Mittagessen kochen; nach Hause gehen

12:00 Mittagessen und Mittagspause, Spülen

14:00 Fortsetzung Feldarbeit, Vesper richten und aufs Feld bringen

16:00 Vesper

16:15 Fortsetzung Feldarbeit, nach Hause gehen

18:00 Kühe melken, Milch zentrifugieren, Vieh füttern, Kälber tränken, Schweine füttern, Hühner versorgen, Eier holen, Gartenarbeit, Abendessen richten

20:00 Abendessen

21:00 Geschirr und Melkgeschirr spülen und versorgen, Küche sauber machen, Essen für den nächsten Tag vorbereiten, stricken, flicken, stopfen, bügeln

23:00 Schlafen gehen

Nach Abzug der Pausen ein strammer 15-Stunden-Tag, in dem die Versorgung von Kindern und Alten noch nicht enthalten war. Und auch nicht der Waschtag, der vor der Erfindung der Waschmaschine noch wirklich ein »Tag« war. Festgelegt wurde dieser Ablauf von einer jahrhundertelangen Erfahrung im Umgang mit Natur, Tier und Mensch. Ein sorgsam aufeinander abgestimmtes Prozedere, in dem den Bedürfnissen aller Beteiligten bestmöglich Rechnung getragen werden sollte. Es ging darum, nur so viel Holz aus dem Wald zu holen wie nachwuchs, das Melken und Füttern so in den Arbeitsalltag zu integrieren, dass man möglichst große Zeitfenster für andere Arbeiten hatte, und dann Ruhepausen und Mahlzeiten so zu legen, dass man diese Plackerei auch durchhalten konnte.

Auch die Boros ordneten sich diesem bäuerlichen Regelwerk unter. Nur in einem Punkt blieben sie stur: Für die Geburtstage ihrer Kinder nahmen sie sich frei und feierten sie ausgiebig. So machten sie das in Berlin. Und so würden sie es auch auf ihrer Zeitreise im Schwarzwald machen. Punkt.

Klingt nach einem harmonischen Familienleben, nur: Kein gutes Überlebenskonzept auf einem Schwarzwälder Berghof Anfang des 20. Jahrhunderts! Doch der Reihe nach.

Ende August hatte Sera, die jüngere Tochter, ihren 16. Geburtstag. Ihre Wünsche waren bescheiden: Einmal ausschlafen, eine Gurke ganz für sich allein und ihre Ziehharmonika, die sie in Berlin gelassen hatte. Alle drei Wünsche wurden erfüllt und den ganzen Tag über gefeiert und gefaulenzt. Bereits Tage zuvor war das Tal erfüllt gewesen vom Brummen der Traktoren, die den zweiten Schnitt, das Heu für den Winter, mähten und die sonnigen Tage nutzten, um es auf der Wiese zu trocknen. Ismail Boro hatte beschlossen, mit dem

Heute weist diese Tafel auf das denkwürdige Experiment hin.

Mähen erst nach Seras Geburtstag zu beginnen. Heute wäre das kein Problem: Da würde der Bauer eben zwei, drei Stunden lang vom Traktor steigen, sich an den geburtstäglichen Kaffeetisch setzen und am Abend oder am nächsten Tag etwas länger mähen. 1902 war das anders. Da war das Mähen eine logistische Herausforderung. Mähhelfer mussten organisiert und bezahlt werden, die auch auf den oft abgelegenen Bergwiesen mit Essen versorgt werden mussten – das alles konnte man nicht schnell mal unterbrechen, dieses Unternehmen musste durchgezogen werden. Ismail setzte den Beginn des Unternehmens für den Tag nach Seras Geburtstag an.

Hätte es 1902 Wetter-Apps oder zumindest eine Radiovorhersage gegeben, wäre Ismail vorgewarnt worden, dass dies keine gute Idee war. Denn noch in der Nacht nach Seras Geburtstag kam der Regen. Und er blieb. Drei Wochen lang regnete es fast ohne Unterlass. Alle anderen Bauern im Tal hatten die Schönwetterphase davor genutzt, um ihr Heu in die Ställe zu bringen, nur Ismails Wiese stand ungemäht im Dauerregen.

Aber auch als sich das Wetter Mitte September wieder besserte, stand die Heuernte unter keinem guten Stern. Die Tage waren mittlerweile zu kurz geworden und die Nächte zu feucht – das Gras, das Ismail mit seinen Helfern mähte, wurde einfach nicht mehr trocken. Es begann, auf der Wiese zu verfaulen. Geburtstage, Taufen, Hochzeiten hatten früher zu warten, bis die Ernte in trockenen Tüchern war. Unaufschiebbares, wie zum Beispiel Geburten, fand quasi nebenbei statt. Ausnahmen gab es mangels Kühlhäusern lediglich bei Beerdigungen.

Für die Boros war das vielleicht ein unangenehmer Tiefpunkt in diesem Fernsehexperiment. 1902 wäre es für ihren Hof ein Debakel gewesen, dem der gesamte Winterfuttervorrat für ihre drei Kühe und zwei Ziegen zum Opfer gefallen wäre. Man hätte Futter nachkaufen müssen, aber wovon? Denn zuvor hatten schon zwei Serienkiller den Weg der Boros gekreuzt und ihnen die wirtschaftliche Grundlage unter den Füßen weggezogen.

Serienkiller Nummer 1 war der Auslöser dafür, dass in der Anfangsphase des Projekts ein unangemeldeter Besucher auf den Hof kam, weißer Mantel, in der Hand ein Drahttragegestell voller Glasröhrchen und Spritzen: »Guten Tag, Milchprüfring Freiburg.« Und er nannte auch gleich sein Begehr: Er wollte Milchproben von der milchgebenden Kuh nehmen, die andere war ja trächtig und somit noch nicht von Interesse. Der Grund: Der Mann hatte in der Zeitung von dem Zeitreiseexperiment gelesen und darin auch die Aussage gefunden, dass die Haupteinnahmequelle der Boros der Verkauf von Milch, Butter und Frischkäse auf dem Markt im nahen Staufen sein sollte. Aber das würde ohne sein behördliches »Go« nicht passieren, das machte er der Familie freundlich, aber bestimmt klar. Zwei Tage müssten sie sich halt noch gedulden, dann sei das Laborergebnis da.

Der Hintergrund dieses Besuchs hatte drei Buchstaben: Tbc. Noch 1902 war die Tuberkulose im Münstertal wie auch im gesamten Reichsgebiet die Todesursache Nummer 1 gewesen. Das bedeutete: Die Krankheit grassierte nicht nur in mit Menschen vollgepropften, feucht-schimmeligen Berliner Hinterhofwohnungen, sondern breitete sich ebenso verheerend in der als so gesund empfundenen Landluft der Schwarzwaldtäler aus. Aber warum? Woher kam der Killer? Und wie konnte man ihn aufhalten?

Seit 1882 wusste man schon ein bisschen über die ansteckende Krankheit: Robert Koch hatte den Erreger entdeckt, das »Mycobacterium tuberculosis«, ein Stäbchenbakterium, das heimtückisch immer stärker Struktur und Funktion der Lunge angreift und schließlich zerstört. Die Symptome scheinen zunächst harmlos zu sein: Nachtschweiß, leichtes Fieber, stetes Hüsteln, dann beginnt die Krankheit zu galoppieren, der Erkrankte schwindet dahin, daher auch die jahrhundertealte Bezeichnung »Schwindsucht«. Erst 1943 fand man ein wirksames Antibiotikum. Bis dahin wurden die Menschen noch zu Tausenden dahingerafft.

Lange blieb unklar, wer das Killerbakterium übertrug. Es war zur allgemeinen Überraschung hauptsächlich eine Gruppe als äußerst harmlos empfundener Zeitgenossen: Kühe. Genauer: ihre Milch. Ausgerechnet Frischmilch, der vermeintliche Quell gesunder Ernährung! Erst nach dem Zweiten Weltkrieg gelang es, die Ansteckungskette zu unterbrechen: Die Behörden führten flächendeckend ein Erhitzungsverfahren, die Pasteurisierung, ein, um Bakterien abzutöten. Wer Milch, Käse oder Butter verkaufte, musste sich strengen Kontrollen unterziehen. Zu diesem Zweck wurde 1946 der »Milchprüfring« gegründet, dessen Vertreter die Boros besucht hatte.

Dann – zwei Tage danach – war das Untersuchungsergebnis der Milchprobe da:

»Zellzahl: Erlaubter Grenzwert: 400 000 Zellen, Wert Familie Boro: 1 104 000 Zellen.

Die geprüfte Milch ist auf Grund der hohen Zellzahl NICHT verkehrsfähig. Für den Eigenverbrauch ist die Milch geeignet.«

Das bedeutete nun mehrerlei: Zum einen war die Milch nicht Tbc-belastet, sonst wäre sie nicht für den Eigenverbrauch zugelassen worden. Der Milchprüfring hatte aber zweitens festgestellt, dass die Kuh an einer Euterentzündung litt und Abwehrzellen gebildet hatte: Je stärker die Entzündung, umso höher die Zellzahl. 1902 hätten die Boros das wohl erst ein paar Tage oder Wochen später gemerkt. Die Milch hätte zunehmend unangenehm gerochen, und es wären immer mehr Zellfetzen darin herumgeschwommen. Diese Milch oder ihre Folgeprodukte Butter und Käse hätte kein Mensch mehr kaufen mögen. Man hätte dann die Kuh einfach eine Zeitlang geschont und gewartet, bis die Entzündung abgeflaut wäre. Wenn die Kuh nun aber wie bei den Boros die einzige war, die Milch gab, dann bedeutete dies: Auf einen Schlag brach die Haupteinnahmequelle des Hofs weg.

»Mycobacterium tuberculosis« war der eine Serienkiller gewesen, der den Boros zusetzte, der andere hieß »Phytophtora infestans«. Was er anrichtet, konnten die Boros sehen, als sie Mitte August ihrem Kartoffelacker einen Kontrollbesuch abstatteten.

Das kleine matschige Ding, das Mutter Marianne zwischen ihren Fingern zerquetschte, hatte die Größe einer Rosine. Was einmal eine Kartoffel hätte werden sollen, war in dem nassen Frühsommer des Jahres vom Erreger der gefürchteten Kartoffelfäule befallen worden. Jede dritte Knolle, die sie testhalber aus dem Acker zogen, sah so aus. Kein Zweifel: Wenn man jetzt nicht handelte, dann würde bald die gesamte Ernte von der Kartoffelfäule zerstört sein.

Was den Boros hier widerfahren war, war eine Geißel der Bauernschaft – nicht nur im Münstertal, sondern europaweit. Ausgerechnet die Kartoffel, im 18. Jahrhundert als Geheimwaffe gegen den grassierenden Hunger eingeführt, verursachte zwischen 1845 und 1849 eine der schlimmsten Hungersnöte in der Geschichte. Allein in Irland starben eine Million Menschen an Hunger, also 12 Prozent der Bevölkerung.

Auch in Baden herrschte eine Hungersnot unvorstellbaren Ausmaßes: Mütter, die nicht mehr in der Lage waren, sich vom Krankenbett zu erheben, um ihre Kinder zu versorgen, Schulkinder, die in ihren Schulbänken vor Schwäche zusammensanken, Bettler, die tot vor den Haustüren gefunden wurden, an die sie noch vergeblich geklopft hatten – von solchen Szenen berichtete zum Beispiel die Karlsruher Zeitung im März 1847. Für viele Schwarzwaldbauern bedeutete die Kartoffelfäule den Bankrott ihrer Höfe. Sie waren gezwungen, zu verkaufen, oft für einen Spottpreis. Tausende investierten einen großen Teil dieses Erlöses in eine Schiffsfahrkarte nach Amerika. Um die Auswanderungswilligen herum hatte sich in diesen Hungerjahren eine gigantische Reiseindustrie gebildet. Von vielen europäischen Häfen wie Hamburg, Bremen, Rotterdam oder Le Havre legten die Zwei- und Dreimaster ab, die mit bis zu 250 Passagieren an Bord in rund 45 Tagen in die neue Welt segelten – sechs Wochen, die unter den beengten und hygienisch völlig unzureichenden Bedingungen an Bord oft zu einer wahren Hölle wurden. Zumindest in einem Fall wurde eine solche Passage aber auch zur Kulisse einer weltgeschichtlich bedeutsamen Lovestory. Der Kartoffelbauer Patrick aus dem irischen Galway lernte dort die junge Bridget kennen und lieben, eine Romanze, die heute vermutlich keiner mehr kennen würde, hätte der Nachname von Patrick nicht Kennedy gelautet. So aber avancierte er zum Urgroßvater des späteren amerikanischen Präsidenten. Und noch ein amerikanischer Präsident verdankt sein Amt auf Umwegen dem Serienkiller Phytophtora infestans: Joe Bidens Ur-Ur-Urgroßvater Edward Blewitt wanderte in den Hungerkatastrophenjahren aus dem irischen Ballina aus und in die Vereinigten Staaten ein.

Im Münstertal handelten die Boros schnell. Die noch intakten Kartoffeln mussten schleunigst aus dem Boden geholt werden, obwohl sie noch nicht ausgewachsen waren. Eine gewaltige Plackerei, die die Boros zwischen die Routinearbeiten des Hofmanagements schieben mussten. Ergebnis: Von den 400 Kilogramm Kartoffeln, die sie unter normalen Umständen aus dem Acker geholt hätten, blieben 150 Kilo übrig. Das heißt: »Phytophtora infestans« hatte knapp zwei Drittel des Wintervorrats der Boros vernichtet.

Das war eine der kritischen Fragen gewesen: Kann man von einer Familie aus dem 21. Jahrhundert so einfach verlangen, ein Leben wie vor 100 Jahren erfolgreich zu meistern?

Blick vom Belchen ins Münstertal.

Antwort: Nein, kann man nicht. Aber man bekam als Zuschauer eine gute Vorstellung davon, was in so einem Schwarzwälder Bauernleben alles schiefgehen konnte. Und dass selbst scheinbar harmlose Entscheidungen – wie die Heuernte zugunsten einer Geburtstagsfeier zu verschieben – verheerende Konsequenzen haben konnten.

Dementsprechend mager fiel auch die Bilanz der Boros aus: Allein der wochenlange Einnahmeverlust durch den Wegfall des Milchverkaufs hätte die wirtschaftliche Situation der Familie in eine bedenkliche Schieflage gebracht, denn man war nicht autark auf einem Schwarzwaldhof. Weizen zum Beispiel wuchs in dem rauen Klima kaum, das heißt, man musste Mehl zukaufen. Wie noch andere Dinge des täglichen Bedarfs. Und dazu brauchte man Geld.

Hinzu kam jetzt noch der Wegfall von zwei Dritteln ihrer Kartoffelernte – um dieses Loch auszugleichen, würden sie weiteres Geld brauchen. Und dann noch die vergeigte Heuernte. Es gab nur eine Lösung: Die Familie musste einige ihrer Tiere verkaufen.

Und so kam ein Tierhändler auf den Kaltwasserhof und ging mit einer Kuh und einem Kalb wieder weg. Und mit Barny, dem anfänglich so widerspenstigen Schwein, das den Boros und auch den Fernsehzuschauern so sehr ans Herz gewachsen war. 1902 wäre das für die Boros einem Neustart gleichgekommen: Mit einer Milchkuh und dem Kalb waren mindestens drei bis fünf Jahre Zukunft verloren gegangen. So lange würde es im besten Falle dauern, bis der Tierbestand wieder der alte sein würde. Und das hieß: Gürtel enger schnallen, sich jede Anschaffung buchstäblich vom Munde absparen.Vielleicht hätten die Boros das Katastrophenjahr 1902 wirtschaftlich überlebt, wenn die Jahre 1903, 1904 und folgende einigermaßen erfolgreich gewesen wären. Wenn nicht, wäre ihr Hof unter den Hammer gekommen: Kein Schicksal, das 1902 irgendjemandem besonderes Mitleid abgerungen hätte.

Der Seebuck: Geburtsort des Bergfilms

Zu Klaviergeklimpere stapfen in minutenlangen Sequenzen zwischen zwei und fünf Skifahrer mit Kniebundhosen, Stoffrucksäcken und Sepplhüten durch wadenhohen Schnee. Wenn sie dann die erklommenen Hänge hinunterfahren, dann sieht das merkwürdig ungelenk aus: Breitbeinig, nach vorne gebeugt, den Hintern unvorteilhaft weggestreckt machen sie einen Stemmbogen nach dem anderen, immer wieder gerne in Zeitlupe wiederholt. Ebenfalls x-mal zu sehen: ein beherzter Hüpfer aus der Fahrt in den Stand. Ach ja, in der Zwischenzeit hat die Musik gewechselt: Jetzt agieren die Herren zu zünftiger Marschmusik.

So wenig schmeichelhaft könnte man große Teile des 66-Minutenfilms »Das Wunder des Schneeschuhs« wiedergeben. Retrolook, vorsintflutliche Skitechnik, ständige Wiederkehr des Immergleichen, nicht mal im Ansatz eine Handlung: Kaum zu glauben, dass dieser Film ein Welterfolg war, der selbst in den Broadwaykinos im sensationsverwöhnten New York über drei (!) Jahre ständig ausverkauft war. Nur: Wir schreiben das Jahr 1920, und derlei hat man vorher noch nie gesehen. Dementsprechend anders klingen auch die Kritiken von damals: »Eine gesteigerte Bildhaftigkeit, ins Monumentale gesteigert, von Akt zu Akt. Und als Staffage Menschen, deren Kühnheit und Geschicklichkeit, deren Trotz im Kampf gegen Schnee und Gletscher fieberhafte Spannung im Zuschauer erweckt.«

Was bei genauem Hinschauen auffällt: Immer wieder sind zwischen die – für die damalige Zeit – atemberaubenden Alpenpanoramen verschneite Häuser mit merkwürdig tiefgezogenen, alpenuntypischen Walmdächern hineingeschnitten. Und in einer Szene, in der ein Skiläufer einen halsbrecherischen Sprung über eine Wächte wagt, da ist im Hintergrund für einen Moment ein vertraut wirkender Turm zu sehen. Diese eingefügten Einstellungen von Schwarzwaldhäusern und die Sequenz vor dem Bismarckturm auf dem Feldbergnebengipfel Seebuck verrieten, woher die Skifilmrevolutionäre stammten: nicht aus einem Alpendorf, sondern aus Freiburg im Breisgau.

Der Breisgauer, der sich anschickte, es mit US-Weltstars wie Charlie Chaplin, Buster Keaton oder Harold Lloyd aufzunehmen, war Arnold Fanck, ein Doktor der Geologie.

Der begeisterte Skifahrer und Kletterer hatte sein Hobby zum Beruf gemacht, eine Reihe von Berg- und Filmenthusiasten um sich versammelt, darunter den Kameramann Sepp Allgeier, und die »Berg- und Sport-Film G.m.b.H.« gegründet. An den Schwarzwaldhängen um Freiburg herum hatten die Filmfreaks die ersten Probeeinstellungen gemacht, darunter der spektakuläre Sprung des frischgebackenen Mediziners Ernst Baader über die Seebuck-Wächte. Wer schon mal da oben gestanden und hinuntergeschaut hat, dem wird schon bei der Vorstellung übel.

Wenn man nun auf Ski vom Bismarckturm kommend auf diese Kante zurast, dann sieht man dahinter nur Himmel. Erst nachdem man wie am Tisch einer Sprungschanze in die Luft katapultiert wurde, offenbart sich, was unter einem liegt: Eine halsbrecherische Steilwand, die zum 300 Höhenmeter tiefer gelegenen Feldsee abfällt. Und in die stürzte sich dieser Baader mit einem Riesensatz hinein, auf einfachen Holzlatten, die man unter den Bergstiefeln festschnürte – Sicherheitsbindung geht anders. (Adrenalinjunkies, die jetzt

Blick auf den winterlichen Seebuck mit altem Fernsehturm.

möglicherweise zur Nachahmung angeregt worden sind, sei gesagt: Dieses Vorhaben ist heute strengstens verboten).

Solche Szenen waren es, die das Publikum zu Beifallsstürmen hinrissen, zunächst bei der Premiere im Oktober 1920 in Freiburg, dann beim Kino-Massenstart in Dresden am 6. Dezember. Und danach im Weltvertrieb. Dass der Filmaufbau mit seinen vielen Wiederholungen etwas hölzern-didaktisch wirkte, war dabei nicht ganz zufällig: Fanck wollte die Technik des Skifahrens in schwierigem Gelände vermitteln, eine Technik, die von einem seiner Protagonisten im Film, dem österreichischen Skipionier und Gründer der ersten österreichischen Skischule Hannes Schneider, entwickelt worden war.

Auf den großen Erfolg seines Films reagierte der umtriebige Fanck sehr professionell und produzierte zügig zwei Nachfolgefilme in ähnlicher Machart. Aber Fanck war auch klar geworden, dass man nur mit Bergpanoramen und Stemmbogensequenzen bereits in naher Zukunft kein Kino mehr vollkriegen würde. Seinen Filmen fehlte noch etwas Entscheidendes, das hatte er von den Amerikanern gelernt: eine Story!

Und so entwickelte er eben eine – und schuf damit das Genre »Bergfilm«. »Der Berg des Schicksals« war der martialische Titel, Uraufführung 1924, die Handlung ist schnell erzählt: Papa Bergsteiger stirbt an seinem Schicksalsberg, Sohn Bergsteiger muss der Mama versprechen, nie zu klettern. Jedem ist natürlich sofort klar: Würde sich der Sohn an sein Versprechen halten, wäre der Streifen einer der größten Langweiler der Filmgeschichte geworden. Wurde er aber nicht. Denn alles ändert sich, als die attraktive Hella allein in den Berg einsteigt und in ein verheerendes Unwetter gerät. Man ahnt, was nun kommt: Der weiße Ritter bricht nach heftigem Gewissenskampf sein Versprechen und rettet die Schöne. Kuss. Ende. Abspann.

Der Film wird seinem Titel auch insofern gerecht, als er gleich in mehrerlei Hinsicht Schicksal spielt. Zum einen ereignet sich mitten in den Dreharbeiten in den Dolomiten ein Bergdrama, das keiner kommen sah: Der Hauptdarsteller, ein nicht schwindelfreier Mann aus dem Flachland, der den wortbrüchigen Sohn mimen sollte, weigerte sich, da hochzuklettern, wo Arnold Fanck seine Kamera aufgestellt hatte. Zugegeben: Das war eine senkrechte Wand, aber wozu hatte man eigens einen urigen Südtiroler Bergführer gemietet, der

Blick vom Herzogenhorn auf Feldberg und Seebuck.

den Hauptdarsteller unterstützen und sichern sollte? Aber der Schauspieler blieb stur und verpasste so den entscheidenden Schritt zum Weltruhm. Was tun? Die Dreharbeiten in vollem Gange – wo um Gottes willen sollte man auf die Schnelle einen neuen, charismatischen Protagonisten herbekommen? Einen, den die Frauen lieben und die Männer bewundern würden? Fancks Blick fiel auf den Bergführer am Set: »Luis, dann musst du eben die Rolle übernehmen!« Und Luis Trenker nutzte seine Chance.

In Denkerpose: Arnold Fanck, der Erfinder des Genres »Bergfilm«.

Er macht seine Sache so gut, dass der Film auf Anhieb ein Erfolg wird und so die Karriere von jemand anders mitbestimmt. Im Frühjahr 1925 besucht eine deprimierte, nach einer Knieverletzung gescheiterte Tänzerin am Berliner Nollendorfplatz eine Nachmittagsvorstellung des Films und ist elektrisiert. Herumklettern und – man befindet sich ja noch im Stummfilmzeitalter – ausdrucksstark schauen beziehungsweise gestikulieren, das ist ihr Ding, das spürt sie sofort. Sie reist schnurstracks in die Dolomiten und nimmt, wie manche munkeln, einen sehr engen Kontakt zu Luis Trenker auf, der sie schließlich Arnold Fanck vorstellt. Und Fanck? Verfällt der schönen Debütantin auf Anhieb. Bald wird Helene Bertha Amalie, von allen nur Leni genannt, der Star der Truppe sein. Ach ja, ihr Nachname lautet: Riefenstahl.

Mit dem kantigen Trenker und der gazellenhaften Riefenstahl an Bord taumelte die Freiburger Truppe nun von einem Erfolg zum nächsten. Im Jahrestakt kamen neue Fanck-Filme in die Kinos. Denn das Grundthema seiner Filme, die schicksalhafte Auseinandersetzung des zu allem entschlossenen, willensstarken Individuums mit den übermächtigen Naturgewalten der Berge, traf immer stärker den neuen Zeitgeist. Seit dem 30. Januar 1933 wehte da nämlich ein neuer Wind: Adolf Hitler war Reichskanzler geworden. Den neuen, braunen Machthabern gefiel dieses neue Filmgenre auf Anhieb, weshalb nun, bis auf wenige Ausnahmen, einer nach dem anderen aus der Firma Fancks in den Strudel der Nazi-Ideologie geriet. Mit mehr oder weniger Widerstand.

Die schillerndste und umstrittenste Protagonistin war sicher Leni Riefenstahl. Von Fanck gefördert, hatte sie sehr schnell selbst Regie geführt und sich gleichzeitig als Hauptdarstellerin gecastet: Der mystisch-verklärte Esoterikstreifen »Das blaue Licht« ist ihr Durchbruch. Die Nazi-Elite schätzt ihre expressive Ausdruckskraft und ihre explosive Kreativität so sehr, dass sie ihr die Filmprojekte überträgt, die heute noch prototypisch für das martialische, verkitschte Kunstverständnis der Dritten Reichs stehen: »Triumph des Willens« über den NSDAP-Reichsparteitag 1934 in Nürnberg oder »Olympia« über die Olympischen Spiele 1936 in Berlin. Arnold Fanck zögerte lange, bevor er 1940 in die NSDAP eintrat. Sein tollkühner Wächtenspringer Ernst Baader war da wesentlich wendiger gewesen: Als Mediziner hatte er die Nachfolge eines aus dem Amt »entfernten« Juden als ärztlicher Direktor eines Berliner Krankenhauses angetreten. Auch Kameramann Sepp Allgeier arbeitete im Dritten Reich weiter. Luis Trenker war opportunistisch genug, um sich mit dem braunen Regime zu arrangieren.

Fancks zweiter »Schneeschuh«-Protagonist, Hannes Schneider, verweigerte sich dagegen der NS-Ideologie. Mehrmals kam er mit den Machthabern in Konflikt, zum Beispiel, als er sich weigerte, als Skilehrer nur noch »Arier« auszubilden. Oder als er einen Skilehrer seiner Skischule entließ, weil der NS-Propaganda betrieben hatte. Schneider emigrierte schließlich in die USA.

Nachdem das Dritte Reich in Schutt und Asche versunken war, war für die meisten der Freiburger Bergfreaks Karriereende. Außer Luis Trenker brachte es keiner mehr zu seiner früheren Bedeutung. Was jedoch Krieg und Entnazifizierung unbeschadet überstand, war die Faszination »Bergfilm«. Egal, ob wir heute TV-Serien wie »Die Bergretter« oder »Der Bergdoktor«, abendfüllende Kinodramen wie »Nordwand« oder »Everest«, Dokus über Stefan Glowacz oder die Huber-Buam oder Youtubeclips über schrille Freeclimbing- und Snowboardspektakel einer österreichischen Brausefirma ansehen, und egal, ob sie in den Alpen, den Anden, den Rockies, den patagonischen Torres del Paine oder nur im Studio gedreht wurden: Sie alle sind miteinander verbandelt – durch eine gemeinsame Urgroßmutter im Südschwarzwald.

Fememord im Schwarzwald: Das Attentat auf Matthias Erzberger

Auf dem Gedenkstein in einer Haarnadelkurve der B 28 zwischen Bad Peterstal und der Alexanderschanze fehlt etwas ganz Entscheidendes: die Todesursache. »Hier starb Matthias Erzberger, Reichsfinanzminister, am 26.8.1921« steht lapidar auf dem Findling. Was die Aufschrift damit verschweigt: Der Mann war das Opfer des ersten politischen Auftragsmords an einem Politiker der Weimarer Republik.

Freitag, 26. August 1921, 10:00 Uhr. In Bad Peterstal-Griesbach trifft Matthias Erzberger seinen langjährigen Freund und Mitstreiter Carl Diez zu einem Spaziergang. Beide sind prominente Politiker der katholischen Zentrumspartei. Diez ist Reichstagsabgeordneter für seinen Wahlkreis am Bodensee, Erzberger hat gerade eine politische Achterbahnfahrt hinter sich. Im Moment durchschreitet der 46-Jährige einen Tiefpunkt, aber er hofft, dass es bald wieder bergauf geht, wie er seinem Freund Diez anvertraut, während die beiden durch den Kurort in Richtung Wald gehen. Eine Stunde später wird der eine tot, der andere schwer verletzt sein.

Matthias Erzberger hat eine steile Karriere hinter sich. 1903 jüngster Abgeordneter des Reichstags für den Wahlkreis »Württemberg 16«, der Biberach, Leutkirch, Waldsee und Wangen umfasst. Während des Ersten Weltkriegs – als Politiker musste er nicht an die Front – wandelte er sich vom nationalistischen Kriegsbefürworter zum nüchternen Realpolitiker, mit der Konsequenz, dass er nach der Kapitulation des Deutschen Reichs zum Chef der deutschen Waffenstillstandskommission berufen wurde, die am 11. November 1918 den Waffenstillstand von Compiègne unterzeichnen musste. Möglicherweise ahnte er schon damals, dass er damit sein eigenes Todesurteil unterschrieb. »Die Kugel, die mich treffen soll, ist schon gegossen«, sagte er später zu einer seiner beiden Töchter.

Denn von nun an galt er der Rechten als oberster der verhassten »Novemberverbrecher«, die den »Schandfrieden« von Versailles mit seinen harten Reparationsforderungen zu verantworten hätten, obwohl das deutsche Heer doch »im Felde unbesiegt« geblieben sei. Sehr schnell war die »Dolchstoßlegende« in Umlauf gebracht worden, nach der das deutsche Heer nicht vom Feind geschlagen, sondern von vaterlandslosen, demokratischen Zivilisten verraten und von hinten erdolcht worden sei – und an deren Spitze stand für die verbitterten und verbohrten Militärs eben Erzberger.

Als er im Juni 1919 auch noch zum Reichsfinanzminister aufgestiegen war, wurde eine Intrige nach der anderen gesponnen. Erzberger wurde vorgeworfen, seine Steuererklärung manipuliert, einen Meineid geleistet oder Insiderwissen zur persönlichen Bereicherung genutzt zu haben. An die Spitze der Erzbergerfeinde stellte sich der nationalistische und antisemitische Wirtschaftswissenschaftler Karl Helfferich, der in seiner Hetzschrift »Fort mit Erzberger« alle Vorwürfe bündelte und nochmals zuspitzte. Erzberger reagierte auf die Diffamierungen mit einer Beleidigungsklage gegen Helfferich, der aber am Ende von einem

Der Gedenkstein am Tatort steht in einer Kurve der vielbefahrenen B 28.

auf dem rechten Auge blinden Richter nur zu einer unbedeutenden Geldstrafe verurteilt wurde. Das bedeutete: Die ehrabschneidenden Vorwürfe gegen den Reichsfinanzminister schwebten weiterhin unbewiesen im Raum.

Erzberger blieb keine andere Wahl, als am 12. März 1920, unmittelbar nach dem Urteil, als Minister und Abgeordneter zurückzutreten. Von da an kämpfte er um die Wiederherstellung seines Rufs. Und er hatte durchaus Grund zum Optimismus, denn viele der Vorwürfe seiner Feinde ließen sich nicht aufrechterhalten. Einer nach dem anderen erwies sich als revanchistisches Lügenkonstrukt.

Diese neue Lage ist das Gesprächsthema, als die beiden am 26. August 1921 das Ortsende von Bad Peterstal-Griesbach erreichen und in einen steilen Waldweg in Richtung Alexanderschanze einbiegen. Erzberger war mit seiner Familie in den Schwarzwälder Kurort gekommen, um sich einige Tage von seinem Stress zu erholen und etwas zur Ruhe zu kommen. Den Vormittag will er mit seinem Freund Diez verbringen, zum Mittagessen will er wieder zurück sein.

Gegen 10:30 Uhr werden die beiden im Wald von zwei jungen Männern überholt, schenken ihnen aber keine größere Beachtung, weil sich der Abstand zu ihnen schnell wieder vergrößert. Was Diez und Erzberger nicht wissen: Sie sind soeben einem ultrarechten Mordkommando begegnet. Heinrich Tillessen, 27, im Krieg Leutnant zur See, und Heinrich Schulz, 28, auch er als Leutnant aus dem Heer entlassen, sind Mitglieder der »Organisation Consul«,

Die deutsche Delegation, angeführt von Matthias Erzberger (Mitte, Hände in den Taschen), auf dem Weg zum Treffen mit dem französischen Marschall Foch in Trier.

ein rechtsradikaler Geheimbund aus ehemaligen Heeres- und Marineoffizieren, deren erklärtes Ziel die Ermordung von politischen Gegnern ist. Der erste Name auf der Todesliste: Der »Novemberverbrecher« Erzberger. Und die beiden Männer haben den Befehl bekommen, den Anschlag auszuführen.

Gegen 11 Uhr kommen Erzberger und Diez zu einer Wanderhütte. Erzberger schlägt vor, umzukehren, er will nicht zu spät zum Mittagessen kommen. Was in den folgenden

Das Mordopfer, der ehemalige Reichsfinanzminister Matthias Erzberger (1875–1921).

Minuten geschieht, schildert Carl Diez in seinen Erinnerungen: »Noch während wir über diese Dinge sprachen und ich ihm meine Freude über dieses Resultat ausdrückte, hörte ich Schritte von Menschen hinter mir, und ohne diese zu sehen, war ich sicher, daß es die gleichen seien, die uns vor einiger Zeit überholt hatten. Ohne im geringsten darauf vorbereitet zu sein – auch Erzberger äußerte keinerlei Verdacht – standen tatsächlich die beiden jungen Männer plötzlich vor uns, beide gleichzeitig die Revolver auf Erzbergers Stirn und Brust gerichtet, und ehe ich mir des Vorganges bewußt wurde, waren zwei Schüsse gefallen, von denen nach meinem Dafürhalten beide tötlich sein mußten. Es war nun weder Ueberlegung meinerseits, noch etwa Tollkühnheit, als ich versuchte, mit meinem Regenschirm (...) zuzuschlagen. Es kam nicht dazu, denn im selbigen Augenblick erhielt ich von einem der beiden eine Kugel seitlich in den linken Oberarm, die auch noch die Brust und die Lunge durchschlug, eine Rippe verletzte und unmittelbar vor der Wirbelsäule zum Stillstande kam. Augenblicklich wurde ich zu Boden gestreckt.«

Von mehreren Schüssen getroffen, versucht Erzberger noch in den Wald zu flüchten und stürzt dabei eine steile Böschung hinunter. Die Täter verfolgen ihn und schießen ihm noch zweimal in den Kopf. Danach laufen sie weg, der schwerverletzte Diez schleppt sich zurück in den Kurort.

Die beiden Attentäter flüchten, zunächst unerkannt. Doch die Polizei kommt schnell hinter ihre Identität. Denn die Mörder haben Spuren hinterlassen. Da sie nur wussten, dass sich Erzberger in einem süddeutschen Kurort aufhalte, aber nicht, in welchem, klapperten sie unter falschen Namen mehrere Orte ab und fragten dort nach dem prominenten Zentrumspolitiker. Dabei trafen sie zufällig eine Bekannte und sprachen dummerweise auch sie auf Erzberger an. Damit hatte die Polizei eine Spur und zwei Namen, jetzt hängt der Steckbrief von Tillessen und Schulz überall aus. Die Drahtzieher der »Organisation Consul« organisieren daraufhin die Flucht der beiden nach Ungarn.

Die Nachricht von Erzbergers Ermordung war ein Schock für all diejenigen, die auf die junge Weimarer Demokratie gesetzt hatten. Sie mussten begreifen, dass es eine große Gruppe Ewiggestriger gab, die vor nichts zurückschreckte, wenn es galt, der Republik zu schaden. Und das war erst der Anfang. Denn die »Organisation Consul« plante bereits den nächsten Mord. Es wird 10 Monate später einen amtierenden Minister treffen: den Liberalen Walter Rathenau, ehemaliger AEG-Chef und ab Januar 1922 Außenminister im Kabinett von Reichskanzler Joseph Wirth. Rathenaus Überzeugung war, dass die harten Bedingungen des Versailler Vertrags zunächst erfüllt werden müssten, um später aus einer Position des guten Willens heraus Erleichterungen erreichen zu können. Für die Rechtsnationalen war er damit ein rückgratloser »Erfüllungspolitiker« – und er war Jude. »Knallt ab den Walter Rathenau, die gottverfluchte Judensau« – solche barbarischen Hassparolen grölten antisemitische Freikorps auf offener Straße. Am 24. Juni 1922 wird Rathenau auf dem Weg ins Außenministerium erschossen.

Diese beiden Morde standen am Anfang jenes Jahrzehnts, das man später als die »Goldenen Zwanziger« verklären wird. Hier nahm die menschenverachtende Gewalt ihren Anfang, die den Aufstieg der Nationalsozialisten ermöglichen und am 30. Januar 1933 Adolf Hitler ins Amt des Reichskanzlers spülen wird. Eines seiner ersten Anliegen, die Hitler bei Hindenburg durchsetzen wird, ist die »Verordnung des Reichspräsidenten über die Gewährung von Straffreiheit« vom 21. März 1933. Sie gewährte Straffreiheit für alle Straftaten, die »im Kampf für die nationale Erhebung des deutschen Volkes, zu ihrer Vorbereitung oder im Kampf für die deutsche Scholle« begangen worden waren. In der Folge konnten auch die beiden Erzbergermörder Tillessen und Schulz wieder unbehelligt nach Deutschland zurückkehren.Erst nach Ende des Zweiten Weltkriegs erreichte sie der Arm des Gesetzes – doch der sollte, wieder einmal, ein sehr kurzer sein. Heinrich Tillessen und Heinrich Schulz wurden von den amerikanischen Streitkräften festgenommen und später vor ein deutsches Gericht gestellt. Tillessen machte in dem Prozess keinen Versuch, sich herauszureden, er gab den Mord unumwunden zu: »Ich sah Erzberger als den größten Volksschädling an (...) Ich glaubte infolgedessen damals dem deutschen Volk durch die Beseitigung Erzbergers einen großen und guten Dienst zu erweisen (...) dabei war mir auch klar, dass ich die Todesstrafe oder zumindest eine sehr lange, wenn nicht lebenslängliche Freiheitsstrafe riskierte. Im Interesse des deutschen Volkes glaubte ich aber, diese Konsequenz auf mich nehmen zu müssen.« Trotz dieses Geständnisses wurde Heinrich Tillessen 1946 freigesprochen. Die Begründung des Gerichts: Die Straffreiheitsverordnung von 1933 habe immer noch Gültigkeit.

Freispruch nach einem hinterhältigen Mord: Ein Proteststurm über das »Schandurteil« fegte durch die Presse, die Anklage legte sofort Revision ein. Die zweite Hauptverhandlung fand vor dem Landgericht Konstanz statt, das Tillessen schließlich doch noch des Mordes und eines Verbrechens gegen die Menschlichkeit schuldig sprach. Dennoch war das Strafmaß vergleichsweise milde: 15 Jahre Haft. Heinrich Schulz kam mit nur 12 Jahren davon. Das Gericht sah in ihm lediglich einen Mittäter, da er von Tillessen entlastet worden war.

Politische Morde hatte es auch schon vor dem Anschlag auf Erzberger gegeben. Im Januar 1919 waren die Kommunistenführer Rosa Luxemburg und Karl Liebknecht von Freikorpssoldaten getötet worden, der bayerische Ministerpräsident Kurt Eisner wurde einen Monat später erschossen. Allerdings konnten diese Taten noch den Wirren der gesetzlosen Revolutionsmonate zugeschrieben werden. Der Mord an Erzberger hatte dagegen eine andere Qualität: Er wurde auf der Basis von Befehl und Gehorsam eiskalt geplant und heimtückisch begangen, von Männern, die aus dem Militär kamen, sich auf so etwas wie »Offiziersehre« beriefen und dem Staat durch einen Treueeid verpflichtet waren.

Wie nachsichtig die bundesdeutsche Nachkriegsjustiz oft selbst mit schlimmsten braunen Straftaten umging, trat wenige Jahre nach den Urteilen in aller Deutlichkeit zu Tage: Bereits 1952 waren die beiden wieder auf freiem Fuß, nachdem ihre Reststrafe zur Bewährung ausgesetzt worden war. Den beiden Mördern wurde darüber hinaus beschert, was sie ihrem Opfer verweigert hatten: ein langes Leben. Schulz starb 1979 mit 86 Jahren in Eltville am Rhein, Tillessen wurde 90 Jahre alt und starb 1984 in Koblenz.

Ein Jahrhundert nach dem Mord: Erzbergers Partei, das Zentrum, ging nach dem Krieg größtenteils in der CDU auf, doch im Gedenken der Partei spielt er kaum noch eine Rolle. Auch in der Öffentlichkeit ist Erzberger als Person nahezu vergessen. Daran ändert auch der Umstand nichts, dass einige Schulen oder Straßen seinen Namen tragen. Dabei ist Erzbergers Wirken noch heute von nahezu jedem hautnah zu spüren, vorausgesetzt, er zahlt Steuern. Denn als Reichsfinanzminister war er der Vater von nichts Geringerem als einer Revolution: Hatten bis 1919 die einzelnen Länder steuerpolitisch den Hut auf – mit der Konsequenz, dass jeder Landesfürst sein eigenes fiskalisches Süppchen kochen konnte –, so kehrte Erzberger dieses Prinzip um, indem er das Besteuerungssystem vereinheitlichte und vor allem zentralisierte: Jetzt wurde jeder im Reich nach vergleichbaren Sätzen besteuert, und das Geld floss nun zum Großteil nach Berlin. Erzberger schuf damit das moderne deutsche Steuersystem. Es war Grundlage und Voraussetzung für die Finanzierung eines nationalen Sozialsystems, vom dem wir noch heute profitieren.

Tod am Hochfirst: Die dreiste Tat des Karl Friedrich Hundertpfund

Pfingstsonntag, 20. Mai 1923. Der 23 Jahre alte Holzschnitzer Karl-Friedrich Hundertpfund aus Hinterzarten lernt die 20-jährige Rosa Kirchner kennen und verliebt sich sofort in sie. Schon nach wenigen Wochen ist ihm klar, dass er die hübsche Dienstmagd aus Freiburg heiraten will. Er hält mehrmals vergeblich um ihre Hand an. Irgendwann gibt sie dem Drängen zwar nach, stellt aber eine Bedingung: Hundertpfund, der in einem kleinen Zimmer auf einem Bauernhof zur Miete lebt, müsse zuerst eine Wohnung vorweisen. Was Rosa nicht ahnt: Damit stößt sie eine Entwicklung an, an deren Ende drei Menschen ihr Leben verloren haben werden.

Ein Septembersonntag 1923. Hundertpfund macht mit seiner Rosa einen Ausflug. Die beiden wandern auf den Hochfirst, ein 1190 Meter hoher Schwarzwaldberg mit einem spektakulären Blick auf den Titisee. Der Rückweg zur Bahnstation in Neustadt führt über

Blick auf den heutigen Ort Saig am Fuß des Hochfirst.

Polizeifotos des Doppelmörders Karl-Friedrich Hundertpfund.

das Dörfchen Saig am Fuß des Hochfirst. Dort – einige hundert Meter vor dem Ortsrand – treffen sie an der Kreuzung zweier Feldwege auf einen Mann, der an einem selbstgebastelten Stand Ansichtskarten an Wanderer verkauft. Wilhelm Köpfer, 62, wohnt mit seiner acht Jahre jüngeren Frau Karoline wenige Meter von der Kreuzung entfernt im »Hochfirsthäusle«, einem kleinen Bauernhof mit einer Kuh, einem Schwein und ein paar Hühnern. Das idyllische Anwesen fasziniert Hundertpfund sofort: Direkt am Waldrand gelegen, ermöglicht es nach Nordwesten einen grandiosen Blick über Wiesen und Wälder bis hinüber zum Feldberg. Und es ist einsam dort. Weshalb Wilhelm Köpfer sich immer freut, wenn er mal wieder mit Wanderern plaudern kann. Bereitwillig erzählt er den beiden von seinen Lebensverhältnissen, zum Beispiel, dass er und seine Frau kinderlos seien.

Hundertpfund ist gleich hellwach. Zwei ältere Leutchen in einem Haus, keine Kinder oder Enkel, die auf Besuch kommen und ein Gästezimmer brauchen würden – da müsste doch Platz übrig sein! Und er braucht eine Wohnung, sonst heiratet ihn ja seine Rosa nicht. Hier oben ließen sich doch sicher auch Holzschnitzereien gut verkaufen. Und herstellen. Ob die Köpfers nicht ihn – und nach der Heirat – auch Rosa bei sich einziehen lassen könnten? »Aber der Mann dachte nur an sich, für das Vorwärtsstreben junger Leute hatte er kein Interesse!«, wird Hundertpfund später über Köpfers Ablehnung vermerken, in einem von drei Schulheften, die er in der Haft vollschreibt und die einen bemerkenswerten Einblick in seine psychische Struktur erlauben.

»Der Mann dachte nur an sich«: Hier reift bereits ein Gedanke heran, der sich in den nächsten Wochen zu einem handfesten Tatmotiv verdichten wird. Das idyllisch gelegene Köpferhäuschen lässt ihn nicht mehr los: Dort oben im Freien sitzen und schnitzen, während seine junge Frau im Haus werkelt, immer wieder den Blick über die herrliche Hochschwarzwaldlandschaft schweifen lassen, das wäre es. Ein Traum! Doch da ist eben dieser Mann, der nur »an sich« denkt.

Er probiert es noch einmal. Wenige Wochen später, es ist Oktober geworden, fährt er erneut von Hinterzarten nach Neustadt und wandert hinauf zum »Hochfirsthäusle«. Wilhelm Köpfer ist nicht da, aber Karoline, seine Frau. Hundertpfund kommt mit ihr ins Gespräch – und sehr schnell auf seinen Punkt. Doch auch Frau Köpfer lehnt ab. Sie will nicht, dass da oben jemand einzieht, sie möchte mit ihrem Mann alleine leben. »Schon damals (...) spukten wahnsinnige Gedanken durch meinen Kopf, die Leute sind doch eigentlich unnötig, die sind doch alt genug«, schreibt Hundertpfund später in eines der Schulhefte. Die Köpfers: »Unnötig.« »Alt genug.« Er dagegen: Vorwärtsstrebend. Voller Pläne. Und er will unbedingt in dieses Haus, das ist inzwischen zu einer fixen Idee geworden. Hat er etwa weniger Anrecht auf ein Leben an so einem schönen Ort als diese beiden Alten? Mit welchem Recht verweigerten sie ihm diesen Anspruch? Wie konnte man nur so egoistisch sein! Musste er das so einfach akzeptieren? Nein! Alles in allem gibt es für ihn nur einen Weg: Die Köpfers mussten weg. Und daran wären sie letztendlich selber schuld. Hatte er es nicht mehrfach im Guten versucht? Hundertpfund kennt einen Ort, wo ein Karabiner samt Munition unbeaufsichtigt herumsteht, und holt ihn. Dann schreibt er in den letzten Oktobertagen Rosa einen Brief: Sie könne ihre Stellung kündigen, er hätte inzwischen von den Köpfers grünes Licht für den Einzug bekommen. Seine Verlobte kündigt darauf ihre Stellung zum 15. November und schreibt in ihrem Antwortbrief voller Freude, dass sie bereits am 4. November zu Besuch nach Saig kommen würde, um sich alles schon mal anzuschauen. 4. November! Das ist ja bereits am kommenden Sonntag! Hundertpfund ist jetzt unter Zeitdruck.

Freitag, 2. November 1923. Es ist tiefe Nacht, als Hundertpfund das Hochfirsthäusle erreicht. In einem Korb transportiert er den Karabiner. Es regnet stark. Nachdem er keinen trockenen Platz findet, wo er sich unterstellen kann, drückt er ein Stallfenster im Erdgeschoss des Hauses auf, zwängt sich hindurch, kauert sich zwischen Strohballen und wartet auf den Morgen.

Samstag, 3. November 1923. Zwischen fünf und sechs Uhr hört er, wie die Köpfers über ihm aufstehen, sich in der Küche waschen, dann wird eine Tür geöffnet, Schritte auf einer knarrenden Holztreppe sind zu hören: Wilhelm Köpfer ist auf dem Weg nach unten in den Stall.

Was in den nächsten Minuten passiert, ist in dem Verhörprotokoll der Freiburger Polizei minutiös festgehalten: Köpfer betritt den Stall, sieht einen Mann mit Gewehr im Anschlag, wirft geistesgegenwärtig die Tür wieder zu und legt den Riegel vor. Hundertpfund ist die Lage sofort klar: Köpfer wird jetzt in Richtung Dorf rennen und um Hilfe rufen. Das muss er um jeden Preis verhindern. Ein Sekundenbruchteil ist erst vergangen, seit Köpfer den Riegel vorgeschoben hat, jetzt schießt Hundertpfund durch die verschlossene Tür – Stille. Hundertpfund zwängt sich wieder ins Freie, läuft um das Haus herum, findet die Haustüre offen, geht in den Flur und schaut die Treppe, die in den Stall führt, hinunter. Dort unten beugt sich Karoline Köpfer gerade über ihrem blutüberströmten Mann. »Es war nun eine wahre Vernichtungswut über mich gekommen und ich musste auch die Frau Köpfer erschiessen.« Hundertpfund drückt ab, einmal, zweimal. Tödlich in den Rücken getroffen sinkt die Frau zusammen. Oben in der Stube bellt jetzt der Hund. Und hört nicht auf. Der Mörder rennt hinauf, versucht das Tier zu beruhigen, vergeblich, schließlich erschießt er es auch. Es ist jetzt kurz nach sechs Uhr.

Blick vom Hochfirst auf den Titisee. Im Hintergrund der Feldberg.

Hundertpfund vergräbt den Kadaver im Misthaufen, reinigt den Stubenboden vom Hundeblut, rennt hinunter in den Stall, zieht die beiden Leichen in einen Kellerraum, vernagelt die Tür und beginnt auch hier, das Blut aufzuwischen. »Dann habe ich mich in der Wohnung umgeschaut und endlich etwas gegessen und für mich selbst gesorgt, denn ich hatte anderthalb Tage nichts gegessen. Nun habe ich daran gedacht, was ich mache, wenn Leute kommen.« Und ein Besuch stand ja bereits fest: Rosa. Gleich morgen.

Sonntag, 4. November 1923. Rosa hatte einen frühen Zug genommen. Und eine Freundin mitgebracht. Die beiden Mädchen schauen sich das ganze Haus an: »Ich weiß wieder genau, dass mir dabei jedesmal Angst wurde, wenn wir an der zugenagelten Türe vorbei sind.« Wo denn die Köpfers seien? Hundertpfund erzählt zum ersten Mal die Geschichte, die er sich ausgedacht hat. Die beiden hatten ganz überraschend eine größere Erbschaft in Endingen am Kaiserstuhl gemacht und hätten spontan beschlossen, sich dort niederzulassen. Deshalb hätten sie ihm den Hof verpachtet. Rosas Freundin wundert sich noch, dass Bauer Köpfer auch die Kuh hiergelassen hat, obwohl Hundertpfund nach eigener Aussage doch überhaupt nicht melken kann. Aber egal. Man will ja durch allzu kritisches Nachfragen nicht den Eindruck erwecken, dass man dem jungen Paar sein Glück nicht gönne. Und melken wird Hundertpfund sich schnell beibringen, er will ja nicht durch eine brüllende Kuh auffallen. Abends fahren die beiden Frauen mit dem Zug zurück nach Freiburg.

Montag, 5. November 1923. Vor Tagesanbruch wickelt Hundertpfund die beiden Leichen in Säcke und trägt sie hinter das Haus zu einem kleinen, ausgetrockneten Brandweiher. Dort ist die Erde am lockersten, schnell hat er ein großes Loch gegraben, die Leichen hineingeworfen und das Doppelgrab wieder aufgeschüttet. Er ist gerade fertig, als es an der Tür klopft. Der Schreck fährt Hundertpfund durch alle Glieder. Doch er reißt sich zusammen und öffnet. Draußen steht eine Frau und fragt nach, warum Frau Köpfer am Vortag nicht in die Kirche gekommen sei. Ob sie krank sei? Hundertpfund erzählt zum zweiten Mal die Story von der Erbschaft in Endingen.

Wenige Stunden später erzählt er sie noch einmal, auf dem Rathaus in Saig, wo er sich ordnungsgemäß anmeldet. Niemand stellt Fragen.

Dienstag, 6. November 1923. Tag drei nach dem Doppelmord. Hundertpfund schreibt einen Jubelbrief an seinen Vater: »Muss Dir eine große Neuigkeit mitteilen, zunächst, dass ich am Hochfirst oben, bei Saig, ein Haus gepachtet habe.« Und dann die zweite Neuigkeit: »Ich will nämlich jetzt heiraten!« Hundertpfund fühlt sich angekommen in einem Leben, das er immer führen wollte: Ein Haus in herrlicher Lage, ein Beruf, der ihn nicht in eine Fabrik zwang, und bald eine Frau. Irgendwann dann Kinder, sein Lebensentwurf scheint aufzugehen.

Doch hinter seinem Rücken beginnen bereits dunkle, drohende Wolken aufzuziehen. Gerüchte machen die Runde. Die Köpfers seien gar nicht weggezogen. Sondern ermordet worden. Immer mehr Menschen beginnen nach dem Verbleib der Köpfers zu fragen. Auch »das 72 Jahre alte Fräulein Anna Iselin« aus Lenzkirch hat solche Gerüchte gehört, nun ist sie zur Polizei gegangen. Wilhelm Köpfer habe – so gibt sie zu Protokoll – am Abend des 2. November, also kurz vor seinem Tod, bei ihr angefragt, ob er mehrere große Holzstücke bei ihr unterstellen könne, die Ladung sei zu schwer, um sie in seinem Handwagen den Berg hinauf bis zu seinem Haus zu ziehen. Er werde das Holz gleich in den nächsten Tagen mit einem Fuhrwerk abholen. »Das Holz wurde in meinem Schopf eingestellt und seither hatte sich niemand mehr bei mir gemeldet.« Und das ist sie von Köpfer nicht gewohnt. Auf ihn und sein Wort hat sie sich immer verlassen können.

Blick auf den Hochfirst.

Es gibt weitere merkwürdige Aussagen, die die Runde machen: Ein Waldarbeiter, der am Mordtag vor sechs Uhr früh am Haus der Köpfers vorbeigekommen ist, hatte den Hausherren noch durch das Fenster gesehen, ein anderer Passant hatte gegen sieben einen fremden Mann im Haus wahrgenommen. Allein.

Der Bürgermeister höchstpersönlich kommt jetzt gleich mehrmals auf den Hof und befragt Hundertpfund. Doch der bleibt bei seiner Geschichte. In dieser Situation zieht Rosa ein.

Dienstag, 13. November 1923. Sie hatte zwar erst auf den 15. gekündigt, doch jetzt ist sie zwei Tage früher gekommen. Rosa wundert sich zwar auch, dass die Köpfers so viele Wertsachen hiergelassen haben, doch Hundertpfund findet stets für alles eine Erklärung. Er würde bald mal zu ihnen nach Endingen fahren, da würde er das eine oder andere mitnehmen.

Freitag, 16. November 1923. Dieser Tag bringt eine entscheidende Wende. Aus dem Geraune wird jetzt ein handfester Tatbestand. Denn auf dem Amt erscheint der 20 Jahre alte Bauer Josef Schifferle, ein Neffe von Karoline Köpfer, und macht folgende Aussage: »Es ist uns aufgefallen, dass die Frau Köpfer jedes Jahr an Kirchweih und am Sonntag nach Allerheiligen Gräberbesuch ihrer verstorbenen Eltern auf dem Friedhof von Gündelwangen gemacht hatte und hatte jedesmal bei uns angekehrt. In diesem Jahr hatte sie keinen Gräberbesuch gemacht und hatte auch nichts von sich hören lassen. Ferner muss ich angeben, dass (weder) die Frau Köpfer noch er selbst, keinerlei Erbschaft in Endingen zu machen haben, auch haben wir dort keinerlei Verwandten. Warum die Familie Köpfer verschwunden ist, können wir uns nicht erklären.«

Ein Gendarm fährt sofort hinaus zum Hochfirsthäuschen und konfrontiert Hundertpfund mit der Aussage. Doch Hundertpfund beharrt auf seiner Geschichte. Der Polizist beschließt, in Endingen nachzufragen.

Samstag, 17. November. Der Gendarm kommt erneut auf den Hof. Die Antwort aus Endingen ist da. Dort hat man nie etwas von einem Ehepaar Köpfer und einer Erbschaft gehört. Doch anstatt Hundertpfund sofort festzunehmen, fordert der Gendarm ihn lediglich auf, in den nächsten Tagen eine schriftliche Erklärung über den Verbleib der Köpfers abzugeben. Und geht dann wieder.

Hundertpfund weiß nun, dass er verloren hat. Gerade mal 14 Tage hat sein Lügengebäude standgehalten. Was tun? Er muss jetzt erst mal nachdenken. Die Zeit dazu hat ihm der Gendarm geschenkt.

Dienstag, 20. November 1923. In aller Frühe verlässt Karl Friedrich Hundertpfund das Hochfirsthäuschen. Den Montag über hat er einen Koffer mit Kleidern und Wertsachen vollgepackt, Rosa erzählt er, er müsse zu den Köpfers nach Endingen, morgen, Mittwoch, sei er zurück. Doch er wird nicht mehr wiederkommen, er ist jetzt auf der Flucht.

Mittwoch, 21. November 1923. Nach dem Abtauchen von Hundertpfund wird Haftbefehl erlassen, wegen des dringenden Verdachts auf Mord am Ehepaar Köpfer »auf noch nicht geklärte Weise«. Denn: Noch immer gibt es keinen Beweis. Und keine Leichen.

Donnerstag, 22. November 1923. Gendarmen kämmen das Gelände rund um das Haus durch, zunächst vergeblich. Doch dann fällt dem Einsatzleiter die aufgeschüttete Stelle in dem Weiher auf. Er lässt nachgraben und wird fündig.

Rosa Kirchner wird verhaftet. Sehr schnell wird den Beamten jedoch klar, dass sie keine Ahnung von den Machenschaften ihres Verlobten hatte. Und sie hat auch nicht die Spur

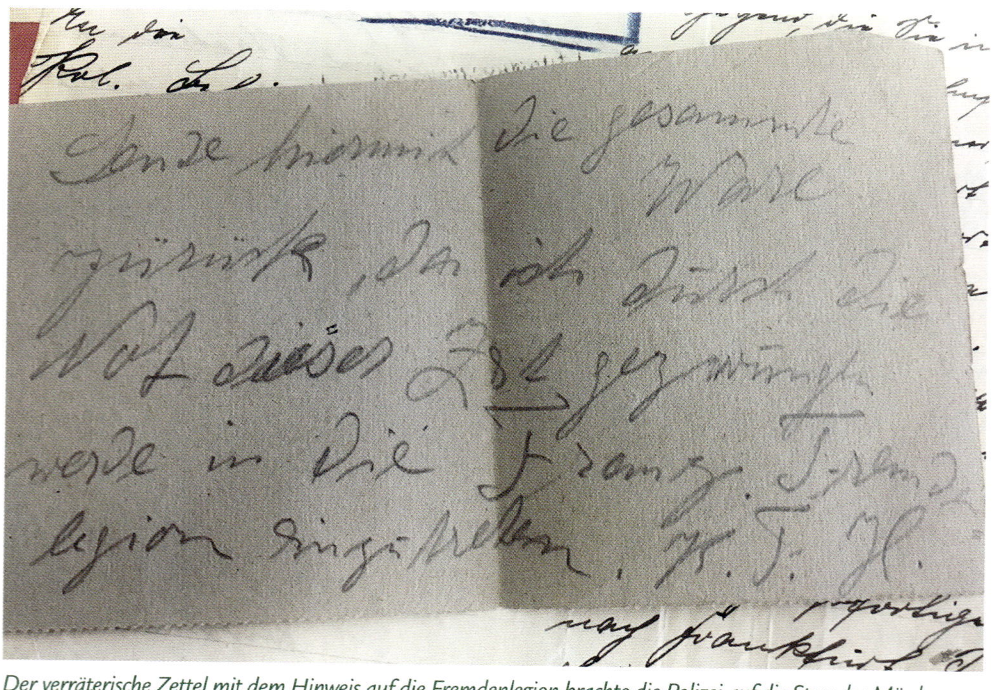

Sende hiermit die gesammte Ware zurück, da ich durch die Not dieses Jahr gezwungen werde in die franz. Fremdlegion einzutreten. K. F. H.

Der verräterische Zettel mit dem Hinweis auf die Fremdenlegion brachte die Polizei auf die Spur des Mörders.

einer Idee, wohin sich Karl-Friedrich Hundertpfund abgesetzt haben könnte. Fieberhaft wird nach ihm gesucht, wochenlang ohne Erfolg. Doch dann bekommt die Polizei den entscheidenden Tipp. Denn Hundertpfund hat einen Fehler gemacht.

Donnerstag, 17. Januar 1924. Bei der Polizei meldet sich Friedrich Grimm, Teilhaber einer Firma in Kirchzarten, für die Hundertpfund Uhrengehäuse geschnitzt hatte. Das Geschäft verlief, wie im Schwarzwald weit verbreitet, auf Heimarbeitsbasis. Hundertpfund erhielt von der Firma eine Anzahl von Rohlingen nach Hause geliefert, wo er die Stücke bearbeitete und nach Fertigstellung wieder zurückschickte. Kurz vor seinem Verschwinden hatte Hundertpfund eine neue Lieferung erhalten, die Kiste mit den Rohlingen aber umgehend wieder retour gesendet. Kommentarlos. Scheinbar.

Friedrich Grimm ist stinksauer über den unzuverlässigen Hundertpfund, denn er muss jetzt auf die Schnelle einen Ersatz suchen und findet ihn schließlich auch. Dieser Mann übernimmt Hundertpfunds Kiste, schnitzt die Teile fertig und erzählt bei der Übergabe Anfang Dezember, dass er auf dem Boden der Kiste einen handgeschriebenen Zettel gefunden habe, auf dem stehe: »Sende hiermit die gesamte Ware zurück, da ich durch die Not unserer Zeit gezwungen werde, in die französische Legion einzutreten.«

Was Hundertpfund mit »Not unserer Zeit« meint: Die Hyperinflation der Nachkriegszeit hat im November 1923 ihren Höhepunkt erreicht: Ein US-Dollar ist 4,2 Billionen Mark wert, ein Kilo Kartoffeln kostet 90 Milliarden Mark.

Als Firmenchef Grimm mitbekommt, dass Hundertpfund gesucht wird und flüchtig ist, geht er mit dem Zettel zur Polizei. »Französische Legion« – jetzt wissen die Ermittler, wo sie suchen müssen: Ein internationaler Fahndungsaufruf mit Foto geht raus.

Freitag, 15. Februar 1924. Ernst Thoma wird zu seinem Colonel befohlen. Der Legionär hat keine Ahnung, was man von ihm will, als er über den staubigen Kasernenhof in Sidi bel Abbès geht. Hier im Nordwesten Algeriens befindet sich seit 1831 das »Maison Mère«, das Mutterhaus der Fremdenlegion, ein Ort, an dem man nicht wählerisch war. Wer sich dort bewarb, musste für fünf Jahre unterschreiben und bekam, wenn er wollte, einen Decknamen. Tausende entgingen so Strafverfahren, Schulden oder Unterhaltszahlungen in ihren Heimatländern. Bei Mördern allerdings sah man sich schon gezwungen, es mit den Gepflogenheiten des internationalen Rechts etwas genauer zu nehmen.

Das musste auch Ernst Thoma an diesem Morgen erfahren. Sein Vorgesetzter sagte ihm auf den Kopf zu, dass er der wegen Doppelmordes gesuchte Karl-Friedrich Hundertpfund sei, was Thoma empört verneinte, aber angesichts erdrückender Belege und eines Fahndungsfotos am nächsten Tag zugab.

Hundertpfund hatte unmittelbar nach seiner Flucht einige Wertsachen der Köpfers zu Geld gemacht, war bei Karlsruhe an die französische Grenze gefahren, die er in der Nacht illegal überquerte. Gleich danach zerriss er sämtliche Papiere, Pass, Wehr- und Soldbuch, und behauptete fortan, Ernst Thoma aus Bernau zu sein. In Metz ging er in ein Rekrutierungsbüro der Fremdenlegion und wurde ohne große Nachfragen eingestellt. Acht Tage später ging ein Transport über Marseille und Oran nach Sidi bel Abbès.

Dort wartete die Schleiferei einer wochenlangen Grundausbildung auf die Neuankömmlinge. Danach endlose Wachdienste oder Einsätze beim Straßenbau, wo die Legionäre Tausende Straßenkilometer durch den gesamten Maghreb planierten. Besonders hart war der Einsatz in den berüchtigten Maultiereinheiten, in denen sich zwei Soldaten ein Maultier teilten: Der eine ging, der andere ritt, dann wurde gewechselt. Bei Temperaturen bis zu 40 Grad wurden so Tagesmärsche bis zu 40 Kilometer bewältigt, am Abend wartete

Lagerbau und wieder: Wachestehen. Aber, bei aller Schinderei: Karl Friedrich Hundertpfund hatte Ruhe vor den Geistern der Vergangenheit. Bis zu diesem 15. Februar.

Nachdem er die Tat zugegeben hatte, wurde er noch in der Garnison verhaftet und nach einer Woche in mehreren Etappen zurücktransportiert. Ende März kam der Doppelmörder in Freiburg an. Danach Verhöre, Beweisaufnahme, Anklage und ein – aufgrund der eindeutigen Faktenlage – kurzer Prozess.

Freitag, 18. Juli 1924. Der Tag des Todesurteils, und der erste von insgesamt 104 des qualvollen Wartens.

Der Verteidiger stellt zunächst den Antrag, Hundertpfund auf seine Zurechnungsfähigkeit untersuchen zu lassen, doch das Urteil des Experten von der Freiburger Psychiatrie ist eindeutig: Hundertpfund leidet nicht unter einer Bewusstseinstrübung und auch nicht an einer krankhaften Störung der Geistestätigkeit. Danach versucht Hundertpfunds Anwalt eine Begnadigung zu erwirken.

Hundertpfund hat inzwischen seine drei Schulhefte mit Fakten aus seinem Leben und zur Tat vollgeschrieben. Aus Reue oder Einsicht? Nein. »Der Gedanke, dass ich das um der Rosa willen täte, das hat mich immer wieder aufgerichtet und gestärkt.« Kognitive Dissonanz nennt das die Psychologie, wenn man versucht, sein Selbstbild als guter Mensch zu erhalten, selbst wenn man ein schweres Verbrechen begangen hat: Man tat es ja für einen guten Zweck. Und damit sind eigentlich andere daran schuld.

Hundertpfund hält die Ungewissheit nicht mehr aus. Sein Vater und Rosa haben es abgelehnt, ihn zu besuchen, er klebt jetzt wie ein Besessener Papiertüten, die einzige Betätigung, die ihm noch erlaubt ist. Schließlich bittet er den Gefängnisdirektor, alles dafür zu tun, dass es schnell gehe, ganz egal wie. Der Direktor verspricht es.

Freitag, 24. Oktober 1924. Der Entscheid ist da: »Das Staatsministerium hat (...) beschlossen, (...) von seinem Begnadigungsrecht (...) keinen Gebrauch zu machen.« Das heißt: Ab jetzt tickt für Hundertpfund die Uhr. Man wartet aber noch vier Tage, bevor man ihn informiert. Hinter den Kulissen herrscht inzwischen hektische Betriebsamkeit: Die Guillotine muss erst nach Freiburg gebracht, aufgestellt und ausprobiert werden. Es muss ein Tag gefunden werden, an dem der Scharfrichter Karl Burkhard aus Endingen und sein Gehilfe Karl Müller II aus Seckenheim noch Platz in ihren Terminkalendern haben. Zusätzlich sind 12 Eintrittskarten für Zuschauer in Druck zu geben.

Dienstag, 28. Oktober 1924. Abends gegen 18 Uhr erscheint der Gefängnisdirektor mit einer Delegation in der Zelle und verkündet Hundertpfund, dass seine Begnadigung abgelehnt sei und damit seine Hinrichtung unmittelbar bevorstehe. Augenzeugen beschreiben, dass Hundertpfund vor Wut rot anläuft.

Donnerstag, 30. Oktober 1924. Drei Tage bevor sich die Bluttat zum ersten Mal jährt, wird Hundertpfund um 6:30 Uhr aus seiner Zelle geholt und in den Gefängnishof gebracht, er wirkt gebrochen. Dort spricht der Anstaltsgeistliche ein Gebet, danach verbindet ihm der Henker die Augen und schnallt ihn auf das Brett unter dem Fallbeil. Dann löst er aus – um 6:36 Uhr wird der Doppelmörder Karl Friedrich Hundertpfund für tot erklärt. Sein Leichnam wird auf Wunsch des Vaters dem Anatomischen Institut der Uni Freiburg zu Studienzwecken überlassen.

Vom selben Tag datiert die Rechnung der Herren Burkhard und Müller II, die den Mörder enthauptet hatten: Sie rechnen jeweils vier Tage- und drei Übernachtungsgelder plus ihre Gebühr ab. Der Henker erhält 124,80 Mark, sein Gehilfe eine Mark mehr – er hatte den längeren Anreiseweg.

Hoch und dennoch viele Tiefs: Die Story der Schwarzwaldhochstraße

Den Glanz vergangener Epochen kann man am besten vor deren Ruinen nachvollziehen, weil da die Fallhöhe am eindrücklichsten sichtbar wird. Um zu begreifen, was die Schwarzwaldhochstraße, die heutige B 500, einmal war, sollte man sich deshalb vor das ehemalige »Kurhaus Hundseck« stellen. Was man heute sieht: Reste eines großen, geschindelten Gebäudes, das an einer Seite von Baggern aufgerissen wurde. Wenn der Wind die zerfetzten Plastikplanen zur Seite weht, erhält man durch die fehlende Stirnwand einen kurzen Einblick in das marode Innere: Verblichene Farben, schief in den Angeln hängende Türen, zerbrochene Fenster. Um das Ganze herum ein Metallbauzaun, an dem das Unkraut hochwuchert. Kurz: trostloser geht es kaum.

Und nun: Augen zu, es beginnt eine Zeitreise zurück ins Jahr 1896. Der Architekt Wilhelm Vittali, der in Baden-Baden für Prunkbauten wie das »Brenners«, das »Goldene Kreuz« oder das »Hotel Bellevue« verantwortlich war, hat den Auftrag erhalten, das gut

Ein Bild aus besseren Tagen: das Kurhaus Hundseck um 1937.

Das ehemalige Kurhaus Hundseck: Mittlerweile wurde auch noch der linke Teil abgerissen.

besuchte, 884 Meter hoch gelegene Kurhaus in ein mondänes Höhenhotel umzubauen: Er fügt dem langgestreckten Haus mehrere Flügel und ein markantes Türmchen hinzu, der Bau erhält als erstes Hotel dort oben elektrisches Licht und ein Schwimmbecken. Es folgen noch ein Skihang und eine 20-Meter-Sprungschanze. Sommers wie winters gehen jetzt die Schönen und Reichen an der Hundseck aus und ein.

Das »Kurhaus Hundseck« ist nur eine Perle in einer ganzen Kette von mondänen Absteigen im Nordschwarzwald: Davor liegen, von Baden-Baden aus gesehen, das »Kurhotel Schwanenwasen«, das »Kurhaus Plättig« (später kommt gegenüber noch das »Schloßhotel Bühlerhöhe« dazu) und das »Kurhaus Sand«, dahinter das »Höhenhotel Unterstmatt«, das »Berghotel Mummelsee« und das »Kurhaus Ruhestein«. Der Nordschwarzwald war ein place to be im späten 19. und beginnenden 20. Jahrhundert. Gewürzt war der Luxus auf 1000 Meter allerdings mit einen kräftigen Schuss Abenteuer: Man musste erstmal hinaufkommen. Von Bühl und Baden Baden aus führten kurvenreiche, geschotterte Forstwege nach oben, für die Pferdekutschen und – später – Kraftwagen höchst unkommode Straßenverhältnisse. Und: Eine Längsverbindung zwischen allen Hotels gab es noch nicht. Wer zum Beispiel von der Hundseck zur vier Kilometer entfernten Unterstmatt wollte, musste entweder wandern oder mit dem Bus hinunter nach Baden-Baden, von dort weiter nach Bühl und dann wieder hinauf zur Unterstmatt fahren, ein stattlicher 50-Kilometer-Trip. Deshalb war eine der lautesten Forderungen der Berg-Hoteliers schon immer die nach einer vernünftigen Straße für die verwöhnte Kundschaft. Bis 1930 wird es dauern, bis der Durchstich vom »Kurhaus Hundseck« zum »Höhenhotel Unterstmatt« gebaut wird, 1933 kommt man mit dem Automobil schon bis zum Mummelsee, 1934 wird dann die Verbindung mit dem Ruhestein hergestellt. Hier war aber erstmal Schluss mit Luxus und Ferienstimmung. Der Weiterbau bis zur Alexanderschanze vier Jahre später wird nämlich unter ganz anderen Voraussetzungen stattfinden.

Von Baden-Baden bis zum Ruhestein war die neue Reichsstraße 500 eine wunderschöne Panoramastrecke, die fast überall atemberaubende Ausblicke bot, über den Schwarzwald, über das Rheintal und bis hinüber zu den Vogesen. Und eben dieser letzte Punkt war für die weiteren Planungen ein Problem, das es zu überwinden galt: Wenn man nämlich von der Schwarzwaldhochstraße bis hinüber zu den Franzosen schauen konnte, dann konnten die im Umkehrschluss auch sehen, was und wer sich bei den Deutschen da oben gerade so bewegte. Und das war mittlerweile äußerst unerwünscht, weil mit der Machtergreifung Hitlers die Schwarzwaldhochstraße sehr schnell in die strategischen Kriegspläne der Nazis eingebaut worden war: Sie wurde Teil des »Westwalls«, einer 630 Kilometer langen Verteidigungslinie an der deutschen Westgrenze, die von Kleve an der niederländischen bis nach Grenzach-Whylen an der Schweizer Grenze reichte, ein Betonungeheuer aus 18 000 Bunkern, Stollen, Panzersperren und Artilleriegeschützen. Einer der höchsten Punkte lag an der Schwarzwaldhochstraße, die 1100 Meter hoch gelegene Hornisgrinde, von wo man einen hervorragenden Blick nach Westen hatte – und damit auf eventuell anrückende Bomberstaffeln. Ab 1938 wurde dort die Luftverteidigungszone (LVZ) West mit einer Flugabwehrbatterie errichtet. Und einige Kilometer weiter in Richtung Alexanderschanze entstand 1939 ein »Führerhauptquartier«, in dem der »Größte Feldherr aller Zeiten« höchstpersönlich den bereits geplanten Westfeldzug nach Frankreich überwachen sollte. Alles, was da jetzt an Mensch und Material in diese militärischen Hotspots gebracht wurde, sollte französischen Spähtrupps in den Vogesen natürlich nicht auf dem Präsentierteller dargeboten werden. Deshalb wurde beim Weiterbau der Schwarzwaldhochstraße darauf geachtet, dass sie unterhalb des Kamms verlief und so von Frankreich aus nicht einsehbar war. Das ist im Umkehrschluss der Grund dafür, warum man auf der Fahrt vom Ruhestein zur Alexanderschanze einen wunderschönen Blick nach Osten hat, nach Westen aber nur auf Hänge schaut.

Da es im Nordschwarzwald zunächst ruhig blieb und der Krieg sich eine ganze Zeit lang an anderen Orten abspielte, wurde das »Kurhaus Hundseck« für die »Kinderlandverschickung« genutzt. Der Hintergrund: Obwohl Hermann Göring getönt haben soll, er wolle »Maier« heißen, wenn auch nur ein feindlicher Bomber über Berlin auftauche, passierte ebendies ab Sommer 1940 immer öfter. Immer mehr britische Bomberverbände erreichten immer mehr Städte im Reichsgebiet, weshalb immer mehr Kinder aus gefährdeten Gebieten in Heime auf dem Land gebracht wurden. In das ehemalige »Kurhaus Hundseck« kamen Kinder aus Mannheim, der Stadt, die in Baden-Württemberg die meisten Luftangriffe erlebte – insgesamt 150 zwischen Dezember 1940 und März 1945.

Alles ändert sich im Juni 1944 nach der alliierten Landung in der Normandie. Jetzt rücken französische, englische und amerikanische Truppen in breiter Front von Westen her auf Hitlerdeutschland vor. Am 16. April überschreitet die französische Armee an mehreren Stellen den Rhein. Das 1. Armeekorps dringt über das Renchtal und die Alexanderschanze nach Freudenstadt vor, die Schwarzwaldhochstraße ist jetzt französisches Besatzungsgebiet. Auch das »Kurhaus Hundseck« wird beschlagnahmt. Dort ziehen französische Soldaten ein, die die nahegelegene Hornisgrinde zu einer »Station radiogoniométrique VHF« umbauen, also einem Nachrichten- und Aufklärungsstützpunkt.

Ende der Zeitreise: Augen wieder auf! Sie stehen immer noch an der Hundseck. Worauf Sie jetzt blicken, sind die trübseligen Ergebnisse eines Niedergangs, der in der Nachkriegszeit beginnt. Obwohl das Hotel 1947 von den Besatzern an die ursprünglichen Besitzer zurückgegeben wird, kommt der Tourismus nicht mehr in Fahrt. Wer etwas auf sich hält, fährt jetzt im Sommer nach Rimini und im Winter nach Kitzbühel und nicht mehr in den Schwarzwald. Das Kurhaus ist noch für ein paar Jahre ein Erholungsheim für Bergwerksarbeiter, dann wird es aufgegeben. Und damit beginnt die Talfahrt so richtig:

1994: Ein Pächter versucht, ein Jugendhotel aufzumachen, scheitert aber.

2006: Der nächste Käufer möchte das Kurhaus in ein Low-Budget-Hotel umwandeln, scheitert aber.

Mai 2007: Versteigerung 1. Ein Iffezheimer Bauunternehmer möchte ein »agrotouristisches« Hotel aufziehen und – dreimal dürfen Sie raten – scheitert.

November 2007: Versteigerung 2. Zwei türkische Geschäftspartner erwerben das inzwischen stark angegammelte Gebäude, aus dem jetzt ein Tagungshotel werden soll. Jahrelang passiert nichts, zwischendurch werden die Besitzer auch mal verhaftet und nach dem Versprechen, die inzwischen aufgelaufenen Schulden zu begleichen, wieder freigelassen.

13. November 2010: Sturm »Carmen« wütet und deckt Teile des maroden Dachs ab. Jetzt dringt Nässe ungehindert ein und beschleunigt den Verfall dramatisch. Die beiden Besitzer tun – nichts.

2011: Das Gebäude ist jetzt hochgradig einsturzgefährdet, Zimmerleute entfernen alle Fenster und sichern alle Zugänge mit Spanplatten ab.

November 2012: Der nahende Winter mit seinen erwarteten Schneelasten erfordert einen Teilabriss, dem das Türmchen und einige Anbauten zum Opfer fallen. Die stabilen Reste bleiben stehen, der Bauschutt wird nicht abtransportiert. Die nächsten Jahre rottet alles weiter vor sich hin.

April 2016: Versteigerung 3: Es findet sich aber kein Bieter für die Ruine.

Februar 2021: Der nächste Teilabriss von Gebäudeteilen, die auf die Straße zu stürzen drohen, der Rest bleibt stehen. Warum nicht gleich alles abgerissen wird? Die zuständige Gemeinde argumentiert damit, dass sie nur für die Sicherheit vor allem der vorbeiführenden Straße zuständig ist – nicht aber für das marode Gemäuer selbst. Und so wird der Schandfleck an der Hundseck zu einem Denkmal. Nur eben keines, das man gerne besucht und anschaut.

Das einst so glanzvolle »Kurhaus Hundseck« hat sicher das optisch dramatischste Schicksal der Hotels an der Schwarzwaldhochstaße. Für einige Häuser wurden mehr oder weniger befriedigende Lösungen gefunden, andere vergammeln still, wie das »Kurhaus Sand«. So richtig gut geht es eigentlich nur einem: Dem »Berghotel Mummelsee«. Zwar brannte es im Jahr 2008 komplett ab, es wurde aber in altem Stil wieder aufgebaut und trägt sich, da es direkt neben dem Mummelsee liegt, der an Wochenenden ein Dorado für Tagesausflügler ist.

Dies spiegelt den neuen Reiz der Schwarzwaldhochstraße wider. Sie ist zu einem attraktiven Zubringer zu den Skigebieten, Wanderrevieren und Naturschutzzentren geworden. Die 60 Kilometer lange Strecke zwischen Baden-Baden und Freudenstadt gehört immer noch zu den schönsten Panoramastrecken Deutschlands, links und rechts davon ist allerdings kaum etwas mehr so, wie es einmal war. Zumindest im Hinblick auf die militärischen Anlagen kann man sagen: Gott sei Dank.

Weißtannenhöhe: Der ungesühnte Doppelmord von 1928

Donnerstag, 31. Mai 1928, 8:15 Uhr, Gasthof Thurner/Hochschwarzwald. Die Cousinen Luise und Ida Gersbach, 25 und 35 Jahre alt, beide Lehrerinnen aus Mannheim, beenden ihr Frühstück und bezahlen beim Thurnerwirt Robert Hermann ihre Übernachtung. Die beiden Frauen nutzen die schulfreien Tage nach Pfingsten für eine Mehrtageswanderung durch den Schwarzwald. Am Vortag sind sie von Triberg gekommen, eine stramme Sechsstundentour über 26 Kilometer. Heute wollen sie weiter über den Titisee zum Feldberg. Gegen 9 Uhr brechen die beiden Frauen auf, nach viereinhalb Kilometern werden sie auf ihren Mörder treffen.

Montag, 4. Juni, vormittags. Eigentlich sollten Luise und Ida am Samstag bei ihm in Gengenbach eintreffen. Als er am Sonntag immer noch nichts von ihnen gehört hat, wird Pius Gersbach, Vater bzw. Onkel der beiden, immer nervöser. Jetzt steht der Oberlehrer

Links: Luise Gersbach, 25. Rechts: Ida Gersbach, 35. Die Cousinen waren auf einer Mehrtagestour im Schwarzwald.

Der Gedenkstein am Tatort. Der Mörder der beiden Frauen wurde nie gefunden.

auf dem örtlichen Polizeirevier und erstattet Vermisstenanzeige. Die Polizisten nehmen den Vorfall so ernst, dass sich kurz danach Kriminalsekretär Frohn auf den Weg in den Hochschwarzwald macht. Er beginnt seine Ermittlungen im Gasthaus Thurner, wo er beim Wirt die Wanderroute der Frauen recherchiert. Da sie weder in Titisee, in Bärental noch im Feldbergerhof gesehen wurden, fordert Frohn umgehend telefonisch eine Hundertschaft der Bereitschaftspolizei an. Noch in der Nacht beginnt die Suche nach den Frauen.

Dienstag, 5. Juni, frühmorgens. Ein Suchtrupp meldet den Fund zweier weiblichen Leichen links und rechts des Wanderwegs auf der Weißtannenhöhe. Auszug aus der Akte der Staatsanwaltschaft Freiburg: »Der sofortige richterliche Augenschein ergab Spuren gewaltsamer Verletzungen an beiden Leichen und zwar je ein tiefer Halsschnitt sowie bei der Luise Gersbach zwei Einschüsse an beiden Schläfen. Bei der Ida Gersbach wurden erst bei der späteren Sektion zwei Pistolenkopfschüsse festgestellt. Nach der Lage der Leichen war auf einen vorausgegangenen heftigen Kampf zu schließen. Beide Leichen wurden mit entblösstem Unterkörper vorgefunden. Bei der späteren Sektion wurde jedoch Jungfräulichkeit festgestellt.«

Ein eindeutig sexueller Hintergrund, doch keinerlei Spuren von Geschlechtsverkehr. Raub? Bei der einen Leiche lag ein entleerter Geldbeutel, bei der anderen war die Geldbörse aber ungeöffnet liegen geblieben. Dann die ungeheure Brutalität des Täters: Er hatte die Frauen erst durch Kopfschüsse getötet und ihnen danach noch die Kehle durchgeschnitten. Die ebenso grauenvollen wie rätselhaften Tatumstände dieses Doppelmords schlugen ein wie eine Bombe. Weit über den Schwarzwald hinaus berichteten die Zeitungen von dem Verbrechen, über 1000 Hinweise aus der Bevölkerung gingen ein. Am erfolgreichsten schien zunächst die Vorortrecherche der Polizei zu sein: Beim Thurnerwirt hatte sich in der Nacht vor dem Mord ein Mann einquartiert, der sich äußerst verdächtig benahm.

Karl Friedrich Schmidt, ein Bücherrevisor aus Magdeburg, war allein unterwegs und hatte in der Gaststube gleich mit mehreren Gästen Kontakt. Merkwürdig war dabei, dass er in den Gesprächen unterschiedliche Angaben über seine Herkunft machte. Einmal erzählte er, aus käme aus dem badischen Villingen, ein anderes Mal, er stamme aus dem Harz. Auch mit den beiden Frauen hatte er Kontakt gehabt, möglicherweise hatten die ihm von ihren Plänen am nächsten Tag erzählt. Was die Ermittler elektrisierte: Der Wirt berichtete, dass Schmidt am nächsten Morgen nicht den Weg nach dem Kandel einschlug, nach dem er sich bei ihm am Abend zuvor erkundigt hatte, sondern den Weg in Richtung Weißtannenhöhe. Verdächtig auch seine beiläufige Frage an den Wirt, ob denn in der Gegend Polizeikontrollen stattfänden.

Um 7:30 Uhr, eineinhalb Stunden vor den beiden Frauen, hatte Schmidt an diesem 31. Mai den Gasthof verlassen. Ging er den Weg ab, um nach einer geeigneten Stelle für den Überfall zu suchen? Eine heiße Spur! Sofort wurde Schmidt zur Fahndung ausgeschrieben, er wurde nach seiner Rückkehr nach Magdeburg am 7. Juni verhaftet.

Zwei Tage später, am 9. Juni, dann eine überraschende Wende – scheinbar. Auf einem Bad Säckinger Revier meldete sich der Hamburger Kaufmann Max Müller und gestand, die Tat begangen zu haben. Dazu vermerkt die Akte der Staatsanwaltschaft: »Er gab an, er habe die Tat in einem Rauschzustand durch Erwürgen begangen. Ein Komplize von ihm, Karl Maier, habe die tödlichen Schüsse abgefeuert.« Obwohl die Polizei starke Zweifel hatte, weil bei den Ermordeten keine Würgemale festgestellt worden waren, wurde der Mann in Untersuchungshaft genommen. Sehr schnell stellte sich heraus, dass Müller Epileptiker war und immer wieder an Dämmerzuständen litt, in denen er zu Selbstbezichtigungen neigte. Er wurde freigelassen.

In der Zwischenzeit hatte sich auch die Magdeburger Spur verflüchtigt. Denn Karl Friedrich Schmidt besaß ein wasserdichtes Alibi. Ja, er habe sich spontan zu einer anderen

Die Weißtannenhöhe heute.

Wanderroute umentschieden, aber nein, er habe die beiden Frauen nicht getroffen und ihnen auch nichts angetan. Ob er das auch beweisen könne? Ja, konnte er. Der Wirt des »Hirschen« auf dem Neueck konnte sich genau erinnern, dass Schmidt die Wirtschaft um 11 Uhr betreten und um 12 Uhr wieder verlassen hatte. Da man für den Weg zwischen Tatort und Neueck zu Fuß zwischen drei und vier Stunden brauchte, konnte Schmidt nicht zur Tatzeit gegen 10 Uhr am Tatort gewesen sein. Damit schied er als Verdächtiger aus.

Unter Verdacht geriet auch der Thurnerwirt selbst. Es gab gleich mehrere Hinweise aus der Bevölkerung, die ihn als Schürzenjäger mit »anormalen Neigungen« bezeichneten. Doch der Wirt konnte belegen, dass er zur Tatzeit noch wie üblich im Bett gelegen hatte.

Ein weiterer Verdächtiger geriet ein halbes Jahr nach der Tat auf den Radar der Ermittler. Den Schonacher Bäcker Wilhelm Pfaff belasteten gleich mehrere Umstände: Er hatte schon mehrere Jahre lang ausgedehnte Fahrradtouren durch den Schwarzwald unternommen und dabei immer wieder Frauen belästigt. Nach dem Mord war er mehrmals in unmittelbarer Nähe des Tatorts gesehen worden, er war – zumindest früher – im Besitz einer Browning-Pistole gewesen, und, das war das härteste Indiz, es war ein Haar in der Farbe von Pfaffs Haaren in der Faust von Ida Gersbach gefunden worden. Doch 60 Jahre bevor ein DNA-Test zum ersten Mal vor einem deutschen Gericht als Beweis anerkannt wurde, bedeutete eine solche Spur noch nicht viel. Der beauftragte Gutachter schrieb dementsprechend vage: »Man muss hiernach schließen, dass das Haar aus der Hand der Ida Gersbach vom Kopf des Wilhelm Pfaff herstammen kann und dass für diese Herkunft eine sehr große Wahrscheinlichkeit spricht. Einen bestimmten Prozentsatz für die Wahrscheinlichkeit kann man nicht angeben.« Man konnte Pfaff die Tat nicht nachweisen, auch er wurde freigelassen.

Und dann war da noch der geheimnisumwitterte »Mann mit der Maske«. Er hatte bereits im Sommer 1927 mehrmals auf dem Höhenweg Weißtannenhöhe – Thurner – Kalte Herberge – Furtwangen zugeschlagen. Maskiert mit einer schwarzen Maske und bewaffnet mit einem Messer hatte er Frauen aufgelauert, sie sexuell belästigt und sich in exhibitionistischer Weise gezeigt. Doch er hatte die erschreckt flüchtenden Frauen nie verfolgt, allerdings hatte er in einem Fall einen zurückgelassenen Rucksack durchwühlt und die Papiere des Opfers an sich genommen. Zum allgemeinen Erstaunen erhielt die Frau jedoch kurze Zeit später ihre Papiere per Post zurück, in einem feinsäuberlich beschrifteten Umschlag, aufgegeben in Donaueschingen. Ein Schriftgutachter kam zu dem Schluss, dass die filigrane Balkenschrift auf dem Umschlag vor allem bei der Zeichnung von Plänen verwendet wurde. Sofort wurden sämtliche Gewerbe-, Handels- und Fortbildungsschulen, Architekten- und Baubüros angefragt, darüber hinaus wurden Gästebücher von Hotels und Gasthöfen überprüft. Doch nirgendwo fand sich eine Schriftprobe, die der auf dem Umschlag entsprach. Und dann stand da noch die Frage im Raum: Würde ein so penibler Mensch so brutal morden?

So verging Monat um Monat, ohne dass die Ermittler auch nur einen Schritt weitergekommen waren. Der Druck auf die Beamten muss gewaltig gewesen sein. Anders ist nicht zu erklären, dass sich in einer staatsanwaltlichen Ermittlungsakte so ein Satz findet: »Getragen von dem Wunsche, kein Mittel zur Aufklärung der Tat unversucht zu lassen, entschloss sich die StA. Freiburg, auf Anregung aus der Bevölkerung und auf Bitten der Angehörigen der Ermordeten auch Hellseher hinzuzuziehen.«

Hellseher! Auf Anordnung der Staatsanwaltschaft! Und dann auch noch gleich sechs Stück! Nummer eins, Peter Krauter aus Friesenheim, »sah«, dass der Mörder Alfred Arnold heiße und sich in Zürich aufhalte und zwar in der Kapplerstraße, entweder in Nummer 11 oder Nummer 21. Nun, es gab zwar in Zürich eine Kapplerstraße, aber keine Nummer 21 und in Nummer 11 keinen Arnold.

Die Nächste war eine Frau Gerber-Wieghardt aus Düsseldorf. Sie versetzte sich in Trance und berichtete, der Täter sei blond, arbeits- und wohnsitzlos und würde wieder an den Tatort zurückkehren.

Frau Mehl aus Strasbourg behauptete, sie könne am Tatort das Haus des Täters und den Täter selbst sehen, weigerte sich dann aber leider, an den Tatort gefahren zu werden.

Nummer vier, Artur Lelle aus Pirmasens, behauptete, alles klar vor sich zu sehen, zum Beispiel auch den Weg des Mörders vom Tatort zu seinem Haus. Dumm nur, dass er bei so viel Hellsichtigkeit nicht einmal den Tatort erkannte, nachdem man ihn auf die Weißtannenhöhe gebracht hatte.

Die Nächste, Maria Würdehoff aus Freiburg, erzählte schon bei ihrem ersten Auftritt bei der Polizei so viel wirres Zeug, dass man dankend Abstand von einer weitergehenden Zusammenarbeit nahm.

Da war Nummer sechs, Frau Huber, wesentlich präziser. Das Protokoll vermerkt: »Sie bezeichnete den Täter als einen Mann von 27–38 Jahren von dunkler Gesichtsfarbe mit dunklen Haaren und starken Augenbrauen, mit Knebelbart und kurz gestutztem Schnurrbart. Er sei jagdgewandt und habe schon früher ein Verbrechen begangen oder sei im Krieg gewesen. Bei der Begehung des Mordes habe er einen blauen Kittel getragen.« Das war es dann aber auch schon. Auch auf der Weißtannenhöhe kam offenbar nicht viel mehr. In der Akte des Staatsanwalts heißt es dazu lakonisch: »Es war auch nicht festzustellen, dass die Nähe des Tatortes auf ihre hellseherischen Fähigkeiten intensiver eingewirkt hätte. Der Versuch, mit ihrer Hilfe nähere Aufschlüsse zu erhalten, musste als mißlungen bezeichnet werden.«

Wie lange war der Mörder am Tatort geblieben? Was hatte er mit seinen Opfern angestellt? Was tat er danach? Der Staatsanwalt kommt dann am Ende seines Berichts zu folgendem Schluss: »Die Tat hat nicht mehr als 5 Minuten in Anspruch genommen. Kurz nach 10 Uhr war der Täter also, durch den Excess von allen Spannungen befreit, motorisch wie bei jeder starken Erregung in weitgehendem Masse gelöst, auf der Flucht, die ohne jeden Zweifel die Gestalt eines Parforcemarsches zu einer entfernten Eisenbahnstation angenommen hat. Wenn man Mord durch einen Einheimischen, wie ich tun möchte, ausschliesst.«

Kein Einheimischer also? Dieses Fazit ist insofern interessant, als man heute wohl genau andersherum vorgehen würde. Der Fernsehjournalist Harold Woetzel, der den Weißtannenmord in einer Doku über die Tausender des Schwarzwalds aufgriff, befragte einen Profiler, wie er die Fakten aus heutiger Sicht bewertet. Der Mann ging davon aus, dass der Täter eine sehr genaue Ortskenntnis gehabt haben musste, da die Stelle des Überfalls so ausgesucht war, dass weder die Opfer eine richtige Fluchtchance hatten noch der Täter befürchten musste, von plötzlich auftauchenden Wanderern überrascht zu werden. Heute hätte man den Täter deshalb verstärkt unter den Einheimischen gesucht. Darüber hinaus hätte heute der Fund des Haares in der Faust des Opfers sehr schnell zu einer Eingrenzung des Täterkreises geführt.

So aber blieb der Mord auf der Weißtannenhöhe ungesühnt und wurde zu einer dieser Geschichten, die eine dunkle, abgründige Seite des Schwarzwalds zeigen. Eine Theatergruppe hat aus dem Stoff ein Stück gemacht, zum 90. Jahrestag griffen die Zeitungen in der Region die Geschehnisse wieder auf, und das wird auch im Jahr 2028 nicht anders sein, wenn die schreckliche Tat dann ein ganzes Jahrhundert zurückliegt.

»Tannenberg«, das Schwarzwälder »Führerhauptquartier«

Dass wohl die meisten bei »Führerhauptquartier« an die »Wolfschanze« bei Rastenburg (heute Ketrzyn) in Polen denken und nur sehr wenige an den Kniebis im Nordschwarzwald, hat sicher damit zu tun, dass im Fall Kniebis alles schon vorbei war, als es eigentlich erst so richtig losgehen sollte.

Zunächst: Die »Wolfschanze« war nur eines von vielen »Führerhauptquartieren«, aber sicher das bekannteste, weil sich Hitler dort am längsten aufhielt und weil es Schauplatz des Attentats von Claus Schenk Graf von Stauffenberg war. Insgesamt gab es 18 solcher »FHQ«, die das Reichsgebiet und einige besetzte Gebiete wie ein Netz überzogen. Sie alle dienten demselben Zweck: Hitler sollte mit seinem Generalstab nahe genug, aber dennoch in ausreichend sicherer Entfernung die Kampfhandlungen beobachten und leiten. Die Anlagen trugen so martialische Namen wie »Adlerhorst«, »Felsennest«, »Wolfsschlucht« oder »Bärenhöhle«. Oder »Tannenberg« wie am Kniebis. Von dort sollte Hitler mit seiner Entourage den Westfeldzug gegen Frankreich begleiten, der schon lange geplant und vorbereitet war. Das Gelände – wenige hundert Meter vom Hotel »Alexanderschanze« entfernt – war bereits Teil des »Westwalls«, es existierten Flakstellungen und einige Kampfbunker. Ab 1. Oktober 1939 wurde die Anlage durch die »Organisation Todt«, eine paramilitärisch organisierte Bautruppe der Nationalsozialisten, um zwei große, tief in die Erde eingelassene Bunker und eine Baracke erweitert und hermetisch abgeriegelt. »Tannenberg« lag direkt an der »Schwarzwaldhochstraße«, die im Jahr zuvor vom Ruhestein bis zur Alexanderschanze verlängert und so in den Osthang gebaut worden war, dass sie von Frankreich aus nicht eingesehen werden konnte.

Alle Führerhauptquartiere mussten den gesamten Stab Hitlers beherbergen können, und der war stattlich. Neben dem Chef des Oberkommandos der Wehrmacht, Generalfeldmarschall Wilhelm Keitel (wegen seiner geradezu hündischen »Führer«-Ergebenheit von seinen Offizierskollegen nur abschätzig »Lakaitel« genannt), noch der Chef des Wehrmachtsführungsstabes im Oberkommando der Wehrmacht, Generalmajor Alfred Jodl, Reichsleiter Martin Bormann, dazu Leibarzt, Friseur, Kammerdiener, Pressechef, Fotograf, Kameramann, Sekretärinnen und, und, und.

Was alle »FHQ« weiterhin gemein hatten, war die einfache Ausstattung selbst der Privaträume Hitlers. Darauf hatte er großen Wert gelegt, da er das Image des asketischen Feldherren pflegen wollte: Ein kleiner Ruheraum mit Waschbecken und Toilette musste reichen. Denn Hitler dachte bereits weit in die Zukunft, wenn nach dem »Endsieg« die Besucher zu Zehntausenden in die ehemaligen Befehlsstände strömen würden, um die Bedingungen des glanzvollen deutschen Sieges nachvollziehen zu können. Frankreichs Armee war nämlich ein harter Brocken, das wusste man aus den Erfahrungen des Ersten Weltkriegs mit seinen verheerenden Materialschlachten, die zum Beispiel vor Verdun Hunderttausende

Hitler im Kreise seiner engsten Mitarbeiter.

Tote gefordert hatten, ohne dass eine der beiden Seiten nennenswerte Geländegewinne verzeichnen konnte. Und die Leute sollten später eben sehen können, dass der »Führer« während solcher Kampfhandlungen den mehr als bescheidenen Komfort seiner Soldaten teilte, und zwar über Wochen und Monate hinweg. So stellte sich Hitler das vor. Aber dann ging ja alles viel zu schnell.

Schon das »Unternehmen Weserübung«, die Besetzung Dänemarks und Norwegens, war wesentlich reibungsloser vonstattengegangen als gedacht. Deshalb konnte Hitler deutlich früher Truppen aus dem Norden abziehen, um sie im geplanten »Westfeldzug« einzusetzen, der damit wiederum früher gestartet werden konnte. Und der vor allen Dingen viel früher enden sollte, als auch nur einer im Generalstab zu hoffen gewagt hatte. Ein Nebeneffekt dieser atemberaubend schnellen Siegesserie: Die Kosten der »Führerhauptquartiere« an der Westfront wurden dadurch, wenn man mal auf das Kosten-Nutzen-Verhältnis schaut, in schwindelerregende Höhen getrieben. Dazu jedoch später mehr.

Zu den Rahmenbedingungen des »Westfeldzugs«: Frankreich glaubt sich gut geschützt. Es hatte als Konsequenz aus den Erfahrungen des Ersten Weltkriegs die »Maginotlinie« gebaut, eine gigantische unterirdische Verteidigungsanlage entlang seiner Ostgrenze zum Deutschen Reich, das seinerseits aus ähnlichen Motiven jenseits des Rheins den »Westwall« errichtet hatte.

Belgien, Luxemburg und die Niederlande sind neutral, vorsichtshalber hat Paris aber Truppen an seiner Nordgrenze zusammengezogen, um ein deutsches Eindringen auf diesem völkerrechtswidrigen Weg wie im Ersten Weltkrieg zu verhindern. Wie erwartet schert sich die deutsche Generalität erneut einen Dreck um internationales Recht, marschiert am

10. Mai 1940 in Luxemburg, Belgien und den Niederlanden ein und erobert sie nach wenigen Tagen. Doch was dann geschieht, hat niemand auf dem Radar: Zwei deutsche Panzerverbände stoßen durch die schwer zugänglichen und deshalb militärisch kaum geschützten Ardennen nach Frankreich vor und stürmen in Richtung Süden und Westen. Die französische Armee wird komplett überrumpelt, bereits am 14. Juni marschieren die Deutschen in Paris ein. Was der deutschen Armee im Ersten Weltkrieg vier Jahre lang nicht gelungen war, das hatte Hitlers Wehrmacht in kaum fünf Wochen geschafft – die »Blitzkrieg«-Legende war geboren. In dieser Euphorie bezeichnet »Lakaitel« Hitler als den »größten Feldherrn aller Zeiten«, woraus Berliner Schnodderschnauzen postwendend den »Gröfaz« kreieren.

Was nun das Kosten-Nutzenverhältnis angeht: Der Tourplan des »Gröfaz« zeigt, dass die mit großem Aufwand aus dem Boden gestampften »Führerhauptquartiere« im Westen kaum noch gebraucht und benutzt wurden und somit unter »Investitionsruinen« verbucht werden können.

So bezog Hitler mit Beginn des Feldzugs am 10. Mai das neuerbaute Führerhauptquartier »Felsennest« bei Bad Münstereifel/NRW, zog aber nach nur dreieinhalb Wochen, am 6. Juni, weiter. Der Grund: Er hatte festgestellt, dass das FHQ im Einzugsbereich feindlicher Flugzeuge lag. Hitler kam nie wieder.

Noch an diesem 6. Juni reiste er mit seinem Tross in das Führerhauptquartier »Wolfsschlucht 1« im belgischen Brûly-de-Pesche, das kurz nach der Kapitulation Belgiens in zwei Wochen Tag- und Nachtarbeit errichtet worden war. Hier stieß Hitler auf ein anderes Problem: Mücken. Die fühlten sich vor allem in den noch feuchten Bunkerräumen so wohl,

Geröll und ein paar Mauerreste: Vom »Führerhauptquartier« ist nichts geblieben.

Natur, so weit das Auge reicht: Hier stand das »Führerhauptquartier Tannenberg«.

dass Hitler sich fast nur im Freien aufhielt. Am 27. Juni, nach drei Wochen, hatte er genug von der Plage und verließ »Wolfsschlucht 1«. Hitler kam nie wieder.

Noch am selben Tag begann die große Zeit von »Tannenberg« auf dem Kniebis. Sie dauerte lediglich acht Tage.

Zurück auf Anfang: Am 27. Juni landet Hitler auf dem Flugplatz Eutingen 25 km östlich von Freudenstadt und fährt zum Kniebis. Und damit sind wir auch schon beim entscheidenden Schönheitsfehler in der Heldenstory des »Tannenberg«: Als Hitler an diesem Donnerstagnachmittag sein Führerhauptquartier erreicht, ist der Westfeldzug bereits seit fünf Tagen Militärgeschichte. Alles ist deshalb schon vorbei, weil zwei seiner Panzergeneräle, Erwin Rommel und Heinz Guderian, Hitlers Befehl, anzuhalten und auf nachrückende Truppen zu warten, ignoriert hatten, weitergestürmt waren und so das Chaos bei den Verteidigern eiskalt genutzt hatten. Am 22. Juni war in Compiégne der Waffenstillstand geschlossen worden, Frankreich war besiegt, der »Tannenberg« war damit überflüssig geworden, zumindest im militärischen Sinn. Denn für Hitler und seine Leute sind jetzt für einige Tage Wellness angesagt.

Hitler macht Ausflüge durchs Elsass, besucht Freiburg, Freudenstadt und Oppenau und empfängt reihenweise Besucher wie seinen Propagandachef Joseph Goebbels, Reichsjugendführer Baldur von Schirach, diverse Minister, Gauleiter und den damaligen italienischen Botschafter. Und nicht zu vergessen die »RAD-Maiden«, eine Truppe von der besonders hartnäckigen Sorte. »RAD-Maiden«, so hießen die Damen vom Reichsarbeitsdienst. Als die Frauen des Ortenauer RAD-Ortsverbands mitbekommen hatten, was sich ein paar Hundert Höhenmeter weiter oben an männlicher Prominenz versammelt hatte, fuhr rund ein Dutzend von ihnen zum »Führerhauptquartier«, wo sie jedoch vom Wachposten aufgehalten wurden. Zutritt: keine Chance. Doch die resoluten Maiden, alle in Schürzchen und blauer Bluse mit gestärktem, weißem Hemdkrägelchen, hatten sich vorbereitet und übergaben dem Posten einen Bittbrief, in dem Hitler aufgefordert wurde, sie doch zu empfangen. Was der auch gerne tat – Frankreich war ja geschlagen, und man hatte jetzt ein bisschen Zeit zum Chillen. So wurde ruckzuck vor dem Führerbunker ein großer Kaffeetisch gedeckt. Es sei sehr fröhlich und entspannt zugegangen, berichteten Augen- und Ohrenzeugen.

Wenn da nur nicht das Wasser gewesen wäre. Das hatten die Herren vom Bau einfach nicht in den Griff gekriegt. Mal stand das Zimmer eines Adjutanten Hitlers unter Wasser, dann kam mal wieder nichts aus den Hähnen, weil irgendwo eine Leitung blockiert war. Und dann – die Katastrophe hätte größer kaum sein können – war auch noch der Abfluss in Hitlers Privatgemach verstopft. Jetzt konnte nur noch »Flaschnerskarle« helfen.

Der Bad Rippoldsauer Rechtsanwalt und Historiker Ralf Bernd Herden hat die Hintergründe des »Tannenberg« akribisch recherchiert, mit Zeitzeugen gesprochen und ist so auch auf die Geschichte gestoßen, wie der Flaschnermeister aus dem nahen Dorf Kniebis versuchte, das Malheur unter Hitlers Waschbecken in Griff zu bekommen: »Der erste Reparaturversuch scheiterte und musste auf Befehl der SS abgebrochen werden, weil der Führer zurückzuerwarten war. Am nächsten Morgen sollte die Arbeit dann mit einem Ätzmittel weitergehen. Hitler soll sich über Nacht selbst beholfen haben, den verstopften Syphon abgeschraubt und einen Eimer unter das Waschbecken gestellt haben. Mit Ehrfurcht wurde am Morgen der vom Führer berührte Syphon wieder angeschraubt. Letztendlich musste die mit Beton verstopfte Leitung aufgespitzt werden, um dem Abwasser des Führers freien Abfluss zu gestatten. Zu seinem mitanwesenden Helfer soll der Flaschnerskarle nach vollendeter Arbeit gesagt haben: »Hast au die Zahnbürst' g'sehe? Ond den Waschlappe? – Die Zahnbürst' hat ja fast keine Borste mehr g'habt. Ond der Waschlappe! Menschenskind, der ist ja scho wochelang nemme ausg'wäscht worde. Ond der Rasierapparat! A ganz billigs Ding. I han älleweil' glaubt, dem seine Sache seie älle aus Gold.« Billigstrasierer, Schmuddelwaschlappen und eine Zahnbürste mit Haarausfall: Vielleicht gehörte das ja auch zur Askese des großen Feldherrn, der in seinen Gedanken schon längst beim nächsten Überfall war. Das Unternehmen »Seelöwe« stand an: Der Angriff auf England, aus dem bekanntlich dann doch nichts wurde. Am 5. Juli verließ Hitler den »Tannenberg« wieder. Sie haben es wahrscheinlich schon erraten – er kam nie wieder.

Nochmals zurück zur Kosten-Nutzen-Rechnung. 460 000 Arbeitsstunden und 2340 Kubikmeter Beton steckten im »Tannenberg«. Nehmen wir mal an, das kleinere »Tannenberg« hätte die Hälfte der »Wolfsschanze« gekostet, 18 Millionen Reichsmark, dann hätten sich bei der Aufenthaltsdauer von acht Tagen die Übernachtungskosten von Hitlers Tross pro Tag bei 2,25 Millionen Reichsmark eingependelt – in einer Zeit, in der im Württembergischen ein Brot noch 36, ein Kilo Kartoffeln 80 und ein Liter Bier 72 Pfennige kosteten.

Dass das Führerhauptquartier nie ein Wallfahrtsort für Ewiggestrige oder Neonazis geworden ist, liegt sicher daran, dass so gut wie nichts von ihm übrig geblieben ist.

Den Anfang machten deutsche Pioniere, die die Anlage kurz vor Eintreffen der Alliierten sprengten. In den Folgejahren nutzte die Bevölkerung die Trümmer als willkommenes Baumaterial, schließlich wurde das Gelände in den Sechzigern von der Bundeswehr völlig eingeebnet. Wer heute vom Parkplatz Zollstockhütte direkt an der Schwarzwaldhochstraße in das Gelände hineinwandert, sieht nur noch Bäume. Nur Experten sind in der Lage, unter Heidelbeersträuchern und Moos noch vereinzelt Türschwellen oder Grundmauerreste zu finden – die Natur hat sich den »Tannenberg« zurückerobert.

Das Engländer-Denkmal auf dem Schauinsland

Fünf Kriegsjahre lang hatte die Illusion gehalten, am Abend des 27. November 1944, zwei Minuten vor acht, zerbarst sie jäh. Den Voralarm um 19:48 Uhr hatten viele Freiburger aus Gewohnheit nicht ernst genommen, sie blieben beim heimischen Abendessen, in den Wirtschaften oder in den Kinos sitzen, anstatt in den Schlossbergbunker zu gehen. Gut, es hatte auf Freiburg schon Angriffe gegeben, zwei britische mit einmal sechs und einmal sieben Bomben. Beim folgenschwersten Angriff vom Mai 1940 mit 69 Bomben war sehr schnell das (später bewahrheitete) Gerücht herumgegangen, dass es sich dabei um eine Staffel deutscher Bomber handelte, die sich verflogen und Freiburg für ihr Angriffsziel Dijon in Frankreich gehalten hatten. Ansonsten ein paar amerikanische Tieffliegerangriffe und Angriffe auf Bahnlinien im Umland – aber so verheerende Flächenbombardements wie in Hamburg, Köln, Frankfurt oder Stuttgart kannte man in Freiburg nicht. Nicht wenige Freiburger glaubten auch den Grund dafür zu kennen: Die Engländer würden die Stadt aus Verbundenheit verschonen.

Das »kleine« Engländerdenkmal, das der Vater eines der getöteten Jungen errichtete.

Diese verhängnisvolle Fehleinschätzung, die viele von ihnen das Leben kosten sollte, ging auf eine Bergtragödie zurück, die sich achteinhalb Jahre zuvor rund 1000 Höhenmetern weiter oben auf dem Ostkamm des Schauinsland zugetragen hatte. Die Opfer: fünf englische Schuljungen. Fünf Kids, die die Nationalsozialisten aus außenpolitischem Kalkül zu toten Helden stilisierten.

Donnerstag, 16. April 1936. 7:08 Uhr: Im Freiburger Hauptbahnhof fährt der D-Zug aus Köln ein. Unter den Aussteigenden sind 27 Jungs zwischen 12 und 17 Jahren, alles Schüler der Londoner Strand School. Zusammen mit einem Lehrer, Kenneth Keast, 27, haben sie in den Osterferien Abenteuerliches vor: eine sechstägige Rundwanderung durch den Hochschwarzwald. Morgen soll es losgehen, von der Jugendherberge »Peterhof« im Freiburger Univiertel über den Schauinsland bis zur Jugendherberge am Radschert in Todtnauberg – ein strammer 24-Kilometer-Marsch mit 1000 Höhenmetern. Als die übernächtigten Jungs – sie haben einen 20-Stunden-Trip mit kaum Schlaf in den Knochen – ihr Domizil erreichen, zeigt sich Freiburg von seiner schönsten Seite: Die Sonne scheint, es hat 17 Grad, überall blüht es, bummeln ist angesagt. Nicht einer der Briten kann sich in dieser Situation vorstellen, dass er 24 Stunden später durch eine kalte, weiße Hölle irren würde.

Freitag, 17. April 1936. Um 8:50 Uhr hatte die »Reichswetterstelle, Ausgabeort Stuttgart«, vor einem Kaltlufteinbruch gewarnt, in der »Freiburger Zeitung« wurden für den Schauinsland »minus 3 Grad, Nebel, Schneefall, etwa 12 Zentimeter Schneehöhe« vorhergesagt. Das Problem dabei: Da um diese Zeit die Morgenausgaben schon ausgeliefert waren, erschienen diese Meldungen erst in der Abendausgabe des Blatts. So kommen die Jungs ganz im Eindruck des gestrigen Frühlingstages teilweise mit kurzen Hosen und Halbschuhen zum Frühstück. Der Herbergsvater und der Küchenchef sind entsetzt. Beide wissen als waschechte Schwarzwälder um den bevorstehenden Wettersturz und warnen den

Blick auf den Schauinsland.

Lehrer eindringlich. In der Tat: Draußen regnet es, auf den Dächern bleibt schon vereinzelt Schneegriesel liegen. Doch Kenneth Keast meint nur: »The English are used to sudden changes in the weather.« Als echter Engländer sei man mit jeder Art von plötzlichen Wetterwechseln vertraut. Er sollte sich täuschen.

Als sich die Jungs um 9 Uhr zum Abmarsch treffen, sind die ersten Weichen für die Katastrophe bereits gestellt: Einige in kurzen Hosen und unpassendem Schuhwerk, kaum einer hat warme Sachen dabei, Keast orientiert sich an einer Karte mit dem Maßstab 1 : 100 000 – viel zu grob für das, was er vorhat.

Was in den folgenden Stunden geschah, wurde von dem Freiburger Historiker Bernd Hainmüller minutiös nachrecherchiert: Eine Dreiviertelstunde nach dem Abmarsch erreicht die Gruppe Günterstal, der Regen ist inzwischen in Schnee übergegangen. Bereits hier verliert Keast wegen seiner unpräzisen Karte zum ersten Mal die Orientierung und führt die Jungs bis fast wieder nach Freiburg zurück. Beim zweiten Anlauf will er auf Nummer sicher gehen und fragt im Günterstaler Gasthof »St. Valentin« die Wirtin nach dem Weg zum Zwischenziel Schauinsland. Die Frau warnt ihn vor der Tour, unter anderem mit dem Hinweis, dass alle Wegweiser und Markierungen vom Neuschnee zugedeckt seien. »Wir werden ihn wegwischen«, ist die Antwort von Keast.

Der Lehrer und seine Jungs warten dennoch eine gute Stunde darauf, dass sich das Wetter bessert, was jedoch nicht passiert. Um 11.30 Uhr gibt Keast schließlich das Zeichen zum Aufstieg. Gegen 12 Uhr, das war der eigentliche Plan, wollte die Gruppe auf dem Schauinslandgipfel sein. Jetzt, eine halbe Stunde vor dieser Zeitmarke, sind sie immer noch an seinem Fuß, die Pfade sind mittlerweile schneebedeckt. Und Keast verläuft sich ein weiteres Mal und muss umkehren. So verliert die Gruppe Stunde um Stunde in ihrem Zeitplan. Und sie werden immer langsamer, weil der Schnee nun fast kniehoch ist und den Aufstieg unendlich mühsam macht.

Um 15:30 Uhr – sie sind immer noch nicht oben – treffen sie auf einen Postboten, der von einem nahegelegenen Wohnheim für Zechenarbeiter eines Bergwerks kommt. Der Mann erkennt den Ernst der Lage sofort und bietet Keast an, die Gruppe ins Dorf Kappel zu führen. Doch der Lehrer lehnt ab und schlägt damit die dritte Warnung eines Einheimischen an diesem Tag in den Wind. Stattdessen trifft er eine verhängnisvolle Entscheidung: Er will die restlichen 300 Höhenmeter bis zum Gipfel auf dem direkten Weg zurücklegen, doch der führt über die »Kappler Wand«, eine steile Geröllhalde mit bis zu 70 % Steigung. Der immer tiefer werdende Schnee, beißende Kälte, die unzureichende Ausrüstung, die Sicht, die durch Nebel und die aufkommende Dämmerung immer schlechter wird – das alles führt dazu, dass die ersten Jungs bei dem mörderischen Aufstieg zusammenbrechen. Irgendwie schafft es Keast aber, seine Truppe nach oben, auf den Ostkamm unterhalb des Gipfels zu bringen – doch jetzt beginnt das Drama erst so richtig. Der Lehrer hat überhaupt nicht einberechnet, dass sie da oben nicht mehr im Windschatten der Bergflanke sein würden, jetzt sind die Jungs in ihren teilweise kurzen Hosen schutzlos den eisigen Böen des Westwinds ausgesetzt, zudem ist die Sicht durch die tiefen Wolken gleich null. Und: Mittlerweile ist es weit nach sechs Uhr geworden, es dämmert, in nur zwei Stunden würde die Sonne untergegangen sein. Drei der Jungen sind bereits so erschöpft, dass sie von den anderen getragen werden müssen, zwei weitere sind kurz vor dem Zusammenbrechen.

Wenn man einen Grat erreicht, hat man in der Regel zwei Möglichkeiten: Man geht nach links oder nach rechts. Hätte sich Keast für rechts entschieden, hätte er zwar gegen den eisigen Wind anlaufen müssen, hätte aber nach wenigen hundert Metern die Berg-

Mit dem »großen« Engländerdenkmal erinnerten die Nazis an das Unglück.

Blick vom großen Engländerdenkmal hinüber zum kleinen.

station der sechs Jahre vorher in Betrieb genommenen Schauinslandbahn erreicht, damals als »Kabinenumlaufseilbahn mit Personenbeförderung« die modernste Bergbahn der Welt. Die Gruppe wäre nach unten gefahren und hätte in Sicherheit und Ruhe ihre Tour umplanen können. Doch Keast entschied sich für links. Er dachte wohl, dass er so das nahegelegene Hofsgrund erreichen würde, wobei ihm seine ungenaue Karte wohl nicht deutlich genug machte, dass er dazu wieder 200 Höhenmeter steil bergab durch Tiefschnee stapfen musste. So irrte die Gruppe bei null Sicht und unter null Grad durch den tosenden Schneesturm.

Einige werden später sagen, dass in diesem Moment der Herrgott höchstpersönlich eingegriffen hätte. Denn um 18:30 Uhr hören sie plötzlich Kirchenglocken läuten: Das Abendläuten der Kirche St. Laurentius in Hofsgrund. Keast weist zwei der älteren Jungs an, dem Klang zu folgen und Hilfe zu holen.

Hofsgrund, Dobelhof, gegen 20 Uhr. Bernhard Lorenz, Bauer und Kaufladeninhaber, steht gerade mit seiner Frau und einem Kunden beieinander, als sie draußen laute Schritte hören. Die drei staunen nicht schlecht, als sie zwei leichtbekleidete, völlig durchfrorene Jungs vor der Türe stehen sehen. Sie sprechen kein Deutsch, einer von ihnen stammelt nur die offenbar auswendig gelernten Worte: »Zwei Mann krank am Berg.«

Sofort machen sich einige Hofsgrunder auf den Weg nach oben, bald schon können sie verzweifelte Hilferufe hören. Als die Männer bei der Gruppe ankommen, überblicken sie erst den Ernst der Situation: Die Schüler sind dem Erfrieren nahe, einige sind so erschöpft, dass sie nicht mehr in der Lage sind, zu gehen. Um sie in dem mittlerweile fast hüfthohen Schnee zu transportieren, müssen erst Schlitten aus dem Dorf geholt werden – weitere wertvolle Zeit verrinnt. Nach und nach bringen die Hofsgrunder die Jungs und ihren Lehrer nach unten, wo sie von den Einwohnern massiert, in warme Decken gehüllt und mit heißen Getränken versorgt werden. Gegen 23 Uhr sind dann alle im Dorf.

Ein Arzt, der in einem nahegelegenen Gasthof Urlaub macht, stößt dazu und behandelt die schwereren Fälle. Bei vier Jungs kommt allerdings seine Hilfe zu spät: Francis Bourdillon, Peter Harold Ellercamp, Stanley Michael Lyons (alle 13) und Jack Alexander Eaton (14) sterben an Erschöpfung, zwei weitere sind in kritischem Zustand. Die Leichen werden ins Rathaus gebracht.

Samstag, 18. April 1936. Gegen ein Uhr nachts erreicht eine Ambulanz das eingeschneite Dorf. Die zwei Jungs in kritischem Zustand werden eingeladen und sofort ins Tal transportiert. Erst um sieben Uhr erreicht der Konvoi über die steile, kurvige und schneebedeckte Schauinslandstraße die Klinik in Freiburg. Kurz darauf stirbt einer der beiden, der 14-jährige Roy Martin Witham.

Am Nachmittag werden Keast und die 21 restlichen Schüler nach Freiburg gebracht. Die Jungs wissen noch nichts vom Tod ihrer fünf Klassenkameraden.

Sonntag, 19. April 1936. Jetzt beginnt der zweite Akt in diesem Drama – und der wird schmutzig. Die englischen Zeitungen haben Wind von der Tragödie bekommen und beginnen die Sache zu recherchieren. Keast wird mehrfach von Journalisten angerufen. In den Telefoninterviews zeichnet er das Bild eines plötzlich hereinbrechenden Blizzards, dem er und seine Schüler schutzlos ausgesetzt gewesen seien. Kein Wort davon, dass er mehrfach vor dem heraufziehenden Unwetter gewarnt worden war.

Keast wird, wie außer ihm nur noch ein einziger Schüler, von den deutschen Behörden vernommen. Auch hier bleibt er bei dieser Version, er gilt jetzt als der besonnene Lehrer, der den Großteil seiner Truppe vor dem sicheren Tod bewahrt hat.

Die Sache wird behördlicherseits nicht weiterverfolgt, denn mittlerweile hat sich die hohe Politik eingeschaltet. Die Nazis erkennen in der Tragödie eine Chance: Hitler, der zu dieser Zeit seine Eroberungspläne bereits im Kopf hat, möchte das Königreich um jeden Preis aus einem künftigen Krieg heraushalten. Der Tod der fünf Jungen bietet eine willkommene Gelegenheit, sich bei den Briten einzuschmeicheln. Reichsjugendführer Baldur von Schirach schickt ein erschüttertes Beileidstelegramm nach London und lässt die toten Schüler in einer Friedhofskapelle festlich aufbahren, mit Hakenkreuz und Union Jack. Die Freiburger Hitlerjugend hält durchgehend Ehrenwache vor den Särgen der »gefallenen Bergkameraden«. Bilder, die durch alle englischen und deutschen Zeitungen gehen.

Montag, 20. April 1936. Es ist kein Tag wie jeder andere: »Führers Geburtstag«. Überall Fahnen, viele begeisterte Menschen auf den Straßen. Vor dieser Kulisse werden die fünf Särge in einer feierlichen Prozession durch die Freiburger Innenstadt zum Bahnhof eskortiert und in einen mit Tannenzweigen ausgeschlagenen Sonderzug verladen. Auf jedem Sarg liegt, so konstatiert ein englisches Blatt, ein Kranz von »Herrn Hitler«.

Was danach geschah. In Hitler-Deutschland hatte der Anbiederungskurs der Nazis mit der Abreise der überlebenden und toten Engländer noch kein Ende erreicht. Im Mai 1936 kursierten erste Ideen, den tragischen Ereignissen am Schauinsland ein Denkmal zu setzen. Baldur von Schirach machte sich den Vorschlag zu eigen, bestand aber darauf, dass seine Hitlerjugend das Denkmal errichten sollte. Eigentlich sollte das Denkmal bereits zum Jahrestag im April 1937 stehen, das Projekt zog sich jedoch durch das Kompetenzengerangel in die Länge, und so sollte die steinerne Scheußlichkeit, die an ein nordisches Hünengrab erinnerte, im Oktober 1938 möglichst im Beisein eines Mitglieds des britischen Königshauses, zumindest aber mit dem britischen Botschafter eingeweiht werden. Doch dann machte die Weltpolitik einen Strich durch die Rechnung. Im September hatte sich das Verhältnis der Briten zum Deutschen Reich dramatisch abgekühlt:

die Sudetenkrise eskalierte. Hitler hatte schon seit Jahren Anspruch auf einen Teil der Tschechoslowakei erhoben, drohte mit Einmarsch und führte Europa so an den Rand eines Krieges. Lediglich das Münchner Abkommen vom 30. September 1938 unter Führung Englands verhinderte vorerst das Schlimmste. Von den Einweihungsfeierlichkeiten für das inzwischen fertiggestellte Denkmal war jetzt keine Rede mehr.

Der dritte Akt des Schauinsland-Dramas spielte sich in London ab. Der Vater von Alexander Eaton war kurz nach dem Unglück nach Freiburg gereist und war die Strecke der Gruppe abgegangen. Dabei sprach er mit vielen Beteiligten und erfuhr so, dass das Unwetter mitnichten überraschend über die Wanderer hereingebrochen war. Eaton bekam heraus, dass Keast dreimal gewarnt worden war und jede Warnung missachtet hatte. Damit war für ihn klar, dass der Lehrer verantwortlich für den Tod seines Sohnes war.

Zurück in London unternahm er alles, um Keast zur Rechenschaft zu ziehen. Doch Schule, Polizei und Staatsanwaltschaft hatten an seinen Erkenntnissen nur mäßiges Interesse, da der Vorgang mittlerweile auf höchster politischer Ebene spielte. Solchermaßen abgebügelt, radikalisierte Eaton sich und griff zur Selbsthilfe. Zum Jahrestag des Unglücks hatte er bei einem badischen Bildhauer ein privates Denkmal unweit der Unglücksstelle in Auftrag gegeben, allerdings zensierten die Nazi-Behörden seinen geplanten Text. Der Satz: Der »Lehrer versagte in der Stunde der Bewährung« wurde ihm gestrichen.

In England griff er zunehmend zu härteren Mitteln: Er passte Keast mehrfach auf der Straße ab und machte ihm Vorhaltungen. Vor seinem Büro hatte er auf dem Bürgersteig einen Plakatständer mit der Aufschrift aufgestellt: »Klagt Keast wegen des Tods meines Sohnes an.« Am Jahrestag der Katastrophe versuchte er, einen Kranz an Keasts Haustüre abzulegen, und brüllte: »Mein Sohn ist ermordet worden.« Die Aktion endete mit einer Anklage wegen »antisozialen Verhaltens«. Zunehmend isolierte er sich, die Eltern der anderen toten Schüler gingen auf Abstand zu ihm, am Ende wird sich auch seine Ehefrau von ihm distanzieren und die Scheidung einreichen. Den Rest erledigte die Weltpolitik: Nach Hitlers Überfall auf Polen erklärte England Deutschland den Krieg: Das Empire hatte nun Wichtigeres zu tun, als für Gerechtigkeit in der Sache des verzweifelten Mannes zu sorgen.

Die große Anteilnahme der Freiburger, das Ehrengeleit der Hitlerjugend für die fünf toten Jungs, das Beileidstelegramm von Schirachs, die Kränze des »Führers« – all dies wiegte nicht wenige Freiburger in der trügerischen Gewissheit, die Engländer würden sich der Breisgaumetropole besonders verbunden fühlen und hätten sie aus diesem Grund stets verschont, während so viele andere Städte bereits in Schutt und Asche versunken waren.

Diese Sicherheit hielt 1914 Kriegstage lang.

27. November 1944. Zehn Minuten nach dem Voralarm, um 19:58 Uhr, regnete es Bomben. Rund 25 Minuten brauchten die 350 Maschinen der Royal Air Force, um Freiburg in eine Trümmerwüste zu verwandeln. Die schrecklichen Zahlen der »Operation Tigerfish«: rund 3000 Tote, über 4000 Verletzte, 11 000 Obdachlose. Von 14 527 Gebäuden blieben nur 2148 unbeschädigt.

Zumindest in einem Engländer hatten sich die Freiburger nicht getäuscht. Als einer der Schüler, Stanley C. Few, einige Jahre nach dem Unglück in die britische Armee eingezogen wurde, sagte er seinem Vorgesetzten, er könne nicht gegen Deutsche kämpfen, schließlich hätten die ja sein Leben gerettet. Few wurde daraufhin in Asien eingesetzt.

Lynchmord und Skigaudi: Die dunkle und die helle Seite von Schollach

Schollach im Hochschwarzwald: Zweimal schrieb der 270-Seelen-Ort überregionale Geschichte. Einmal im Jahr 1908 mit seiner hellsten, 36 Jahre später mit seiner dunkelsten Stunde.

Am Anfang des Lichts stand Atemnot. Seit 1904 war Schollach ein Kurort für Asthmatiker und Allergiker, vor allem im Winter sorgte die reine, pollenfreie Luft dieses 850 Meter hoch gelegenen Dorfs für Erleichterung. Einzige Abwechslung für die Kurgäste war in dieser Zeit – neben dem Lesen – eine Rodelpartie an einem Hang gegenüber der Pension »Schneckenhof«, deren Besitzer, Robert Winterhalder, es zunehmend beschäftigte, wie schwer sich vor allem die asthmatischen Kurgäste taten, wenn sie nach einer Abfahrt wieder den Hügel hinaufkeuchen mussten. Das Mitleid machte schnell seinem ausgeprägten Erfindergeist Platz, und er begann an einem Konstrukt zu tüfteln, das Abhilfe schaffen könnte. Zentrum seiner Überlegungen war das »Mühlenhaus« an einem Bach am Fuße des Hügels. Seine Idee: Das Wasserrad sollte nicht allein ein Mühlrad oder eine Säge antreiben, sondern auch ein langes Endlosseil, das Winterhalder über mehrere Stützen zu einer Umlenkrolle

Große Sportgeschichte: Der erste Skilift der Welt fuhr in Schollach.

In einer solchen B17 wurde die amerikanische Besatzung abgeschossen.

am oberen Ende des Hügels und wieder zurückführte. An herunterhängenden Holzgriffen konnten sich die Gäste festhalten und nach oben ziehen lassen. Am 14. Februar 1908 war es so weit: Das 280 Meter lange Seilsystem überwand einen Höhenunterschied von 32 Metern. Der erste Skilift der Welt war in Betrieb gegangen.

»Aufzugbahn Schneckenhof, Schollach – diese Karte à 1.- Mk. berechtigt zu 10 Fahrten und Benutzung eines Spezialrodels oder Schneeschuhe« stand auf der Zehnerkarte des geschäftstüchtigen Wirts.

Reich wurde Robert Winterhalder mit seiner Erfindung jedoch nicht. Der Erste Weltkrieg zerstörte nicht nur seine Expansionspläne, sondern auch seinen Lift, dessen Metallteile eingeschmolzen und der Rüstungsproduktion zugeführt wurden. Auch nach dem Krieg sprang das Geschäft nicht mehr richtig an, also verkaufte Winterhalder sein Patent, unter anderem nach Österreich an einen Herrn Doppelmayr, dessen Firma heute zu einem *Global Player* geworden ist: Sie hat 15000 Lifte und Bergbahnen in 50 Ländern gebaut. Wäre der Erste Weltkrieg nicht gewesen, wäre das milliardenschwere Business vielleicht im Schwarzwald geblieben.

Dann, am 21. Juli 1944, Schollachs dunkelste Stunde. Es ist Hochsommer, die erste Heuernte ist längst in der Scheune, die zweite wächst gerade auf den Wiesen heran, der Krieg scheint weit weg. Gegen Mittag wird er das hübsche Schwarzwälder Dorf erreichen. Am frühen Vormittag hat die 305th Bomber-Group »Can do« ihren Stützpunkt im 800 Kilometer nordwestlich gelegenen Chelveston in Südengland verlassen und Kurs auf Schweinfurt genommen, dem Zentrum der deutschen Kugellagerproduktion. An Bord der 150 Maschinen: 700 Sprengbomben und 200 Brandbomben. Um kurz vor 11 Uhr soll der Angriff stattfinden.

Gegen 10:20 Uhr, 150 Kilometer Luftlinie vor ihrem Ziel, gerät der Bomberverband über Mannheim unter Flakbeschuss. Eine der B-17, wegen ihrer starken Panzerung »fliegende Festung« genannt, wird durch vier Treffer so stark beschädigt, dass sich der Pilot, der 22-jährige Lieutenant Leonard A. Kornblau, entschließt, abzudrehen, um die neutrale Schweiz zu erreichen. Doch es gelingt nicht: die neun Mann Besatzung müssen vorher aus dem brennenden Flugzeug abspringen. Der Ort, wo der Wind ihre Fallschirme hinträgt, wird nun darüber entscheiden, ob sie diesen Krieg überleben werden oder nicht.

Vier Besatzungsmitglieder, Bombenschütze Bill Boyd, Funker Roger Gagnon, Flugingenieur Ed Theed und Richtschütze Irvin Hughes landen im Machtbereich des Donaueschinger Landrats Rudolf Binz, werden verhaftet und sitzen den Rest des Krieges als »PoW«, als Prisoners of War (Kriegsgefangene) ab, die nach der Genfer Konvention behandelt werden.

Die anderen fünf, neben Pilot Kornblau sein Co-Pilot Lt. Bernhard Radomski, Navigator Lt. Charles E. Wolf und die Heck- und Rumpfschützen Staff Sergeant Frank L. Misiak und Staff Sergeant Meredith M. Mills jr., landen in der Umgebung von Schollach und werden dem Landrat von Neustadt, Horst Freudenberg, übergeben. Zwei werden im Schollacher Schulhaus, drei im Schwesternhaus im benachbarten Urach eingesperrt.

Wolfgang Kleiser, der Sohn des damaligen Schollacher Bürgermeisters, war Augenzeuge, was unmittelbar nach der Landung der beiden Amerikaner, die in Schollach heruntergekommen waren, geschah: »Es (die beiden Amerikaner) waren sehr anständige Leute (...) sie waren sehr freundlich und haben Zigaretten angeboten. (...) Die haben ein gebrochenes Deutsch gesprochen und stammten wahrscheinlich von deutschen Einwanderern ab. Mein Bruder hat gesagt, dass der eine ein Armband getragen hat, auf dem der Name draufgestanden ist: Leonhard Kornblau.«

Der zweite Amerikaner ist Kornblaus Co-Pilot Radomski. Alles scheint sehr zivilisiert abzulaufen, doch nachdem die beiden Soldaten im Schollacher Schulhaus eingesperrt worden sind, beginnt die Situation zu eskalieren. Denn der 21. Juli 1944 ist kein Tag wie jeder andere. In seiner Morgenausgabe hatte der »Völkische Beobachter« getitelt: »Es lebe der Führer! – Feindlicher Mordanschlag auf den Führer mißglückt.« Hitlers Anhänger sind außer sich vor Zorn über das Bombenattentat des Grafen Stauffenberg vom Vortag im Führerhauptquartier »Wolfsschanze« in Rastenburg. So auch der Reichsführer SS, Heinrich Himmler und der Schollacher NSDAP-Kreisleiter Benedikt Kuner. Himmler verfasst noch am Tag des Anschlags einen Erlass, in dem er die Polizeigewalt auf die NSDAP übertrug, Überschrift: »Volksjustiz gegen angloamerikanische Mörder«, was nichts anderes bedeutete, als dass jeder Parteigenosse sich nun wie ein Gestapomann fühlen und aufführen durfte und dass damit Gewalt und völliger Willkür Tür und Tor geöffnet waren.

Im fernen Schwarzwald liest der 55-jährige Kuner diesen Erlass. Und entschließt sich, ihn gnadenlos umzusetzen. Er fordert daraufhin den Neustädter Landrat auf, ihm die drei auf Neustädter Gebiet festgesetzten Soldaten zu übergeben, was Freudenberg mit Hinweis auf die Genfer Konvention ablehnt. Voller Wut machen sich Kuner, sein Sohn Fritz, der gerade auf Fronturlaub ist, Kuners Stellvertreter Heinrich Birnbreier, zwei weitere NSDAP-Mitgliedern und ein Gendarm auf den Weg zu den beiden Gefangenen im Schollacher Schulhaus.

Wolfgang Kleiser: »Der Gendarm hat den Befehl erhalten, den einen Gefangenen auf dem nächsten Weg durch den Wald nach Neustadt ins Gefängnis zu bringen.« Doch auf dem Weg verstecken sich Birnbreier und ein Komplize hinter den Bäumen. »(...) Dann ist der Gendarm mit dem Gefangenen an der Stelle vorbeigekommen, wo die sich versteckt hatten. Und dann haben sie den Gefangenen erschossen (...). Dann hat der Gendarm den Auftrag bekommen, den zweiten Mann zu holen.«

Nachdem die Mörder auch den anderen Soldaten heimtückisch von hinten liquidiert hatten, lässt Kuner die drei anderen Gefangenen aus Urach unter dem Vorwand abholen, sie sollten nach Neustadt gebracht und dort der Luftwaffe übergeben werden. Wiederum verstecken sich die Mörder, diesmal Kuners Sohn und zwei NSDAP-Mitglieder, im Wald zwischen Urach und Schollach und warten auf die Gruppe. Auch diese drei Soldaten werden hinterrücks erschossen.

Nach den Morden will Heinrich Birnbreier seine Mittäter überzeugen, alle Mitwisser der Tat beseitigen zu lassen, kann sich aber nicht durchsetzen. Ihm schwant wohl, dass ihre Tat sie sehr schnell einholen könnte. Denn Nazi-Deutschland ist schon seit Längerem dabei, diesen Krieg zu verlieren. Vor über einem Jahr waren die Amerikaner in Sizilien und vor einem Monat in der Normandie gelandet, ebenfalls im Juni hatte an der Ostfront eine sowjetische Großoffensive gegen die stark geschwächte Heeresgruppe Mitte begonnen. Eigentlich musste jedem klar sein: Von allen Seiten marschierte in diesem Juli 1944 der Feind auf das Reich zu. Es war nur noch eine Frage der Zeit, bis Hitler kapitulieren musste, wenn er nicht im letzten Moment doch noch die »Wunderwaffe« bringen würde. Die Wunderwaffen blieben ein Hirngespinst.

Neun Monate nach den Lynchmorden, am 25. April 1945, kamen die Franzosen und besetzten nach heftigen Kämpfen Neustadt. Benedikt Kuner, der kurz vorher noch die Nachricht vom Fronttod seines Sohnes und Mittäters Fritz erhalten hatte, setzte sich ab. Knapp drei Wochen lang streifte er durch die Wälder zwischen Lenzkirch, Altglashütten und Schluchsee. Als er keine Chance mehr sah, zu entkommen, erschoss er sich am 14. Mai 1945 am Ufer des Windgfällweiher. Seine Komplizen wurden verhaftet und in Dachau vor ein amerikanisches Militärgericht gestellt. Sein Stellvertreter Birnbreier und ein zweiter Todesschütze wurden zum Tode verurteilt und im Dezember 1947 in Landsberg hingerichtet, drei weitere Mittäter erhielten langjährige Haftstrafen.

Wer heute Schollach besucht, ist hin und weg von der Postkartenidylle, die ihn dort erwartet: In ein sanftes Tal, zwischen endlos scheinenden Wiesen eingebettet, liegen verstreut Häuser, viele davon mit dem typischen Schwarzwalddach. Und mittendrin eine hübsche Kirche mit Zwiebelturm, hinter der ein Feldweg zum nahen Waldsaum hochsteigt. Er führt über den bewaldeten Hügel hinunter nach Urach im Nachbartal. Ungefähr auf der Hälfte der Strecke stößt man auf ein hölzernes Kreuz, das auf einer Lichtung steht, das »Sühnekreuz« des Schwarzwälder Holzbildhauers Wolfgang Kleiser, das zum 70. Jahrestag der Tat aufgestellt wurde. »Am 21.7.1944 wurden hier drei, unweit von hier zwei weitere amerikanische Flieger auf Anordnung der NS-Kreisleitung ermordet«, ist dort eingraviert, darunter die fünf Namen der Opfer.

Geschätzt 350 solcher Fliegermorde gab es auf deutschem Boden, nachgewiesen sind 225 Fälle – viele von ihnen wurden in Gebieten begangen, in die noch keine einzige Bombe gefallen war. Dieser Umstand zeigte: Hinter den Lynchmorden steckte in den wenigsten Fällen außer Kontrolle geratene Volkswut, sondern fast immer ein kalkulierter Befehl von Nazi-Funktionären. So wie in Schollachs dunkelster Stunde.

So weit die Füße tragen: Die abenteuerliche Flucht des »Grindenmalers«

Es war einer der größten Straßenfeger im deutschen Fernsehen. Okay, noch nicht jeder hatte Anfang 1959 eine Flimmerkiste im Wohnzimmer stehen, aber die, die eine besaßen, schauten am 1. Februar nahezu geschlossen die erste Folge des Sechsteilers »So weit die Füße tragen«, die Geschichte des deutschen Wehrmachtssoldaten Clemens Forell alias Cornelius Rost, der 1949 aus einem Kriegsgefangenenlager im äußersten Osten der Sowjetunion flüchtete und sich drei Jahre lang über 14 000 Kilometer zurück in die Heimat durchschlug, zu Fuß. Alles war drin in der Story: Grimmige Rotarmisten, mordlustige Goldgräber, menschenfreundliche Jakuten, eine blitzhübsche Rentierjägerstochter, Wolfsüberfälle, Schneestürme, Mücken. Schon der Roman, der fünf Jahre zuvor erschienen war, wurde in 15 Sprachen übersetzt und somit ein Weltbestseller.

Vielleicht wäre Otto Eckert ein ähnlicher Bucherfolg beschieden gewesen, wenn er wie Cornelius Rost über seine Erlebnisse gesprochen hätte. Dessen Story erreichte so den Schriftsteller Josef Martin Bauer, der daraus den erwähnten Welterfolg machte. Aber Otto

Der »Grindenmoler« Otto Eckert bei der Arbeit.

Otto Eckert malte die Hornisgrinde zu jeder Jahreszeit.

Eckert schwieg über das, was er sehen, erleben und erleiden musste. Wie so vielen ehemaligen Soldaten verschlossen ihm die Erinnerungen an das Kriegsgrauen die Lippen. Deshalb ist Eckert im Nordschwarzwald lediglich als der »Grindenmaler« (badisch: »Grindenmoler«) bekannt und nicht als ein Überlebenskünstler, obwohl auch er eine spektakuläre Flucht zu Fuß aus Russland hinter sich hatte. Was war der Antrieb, der ihn 1700 Kilometer Flucht durch Feindesland überstehen ließ? Der brennende Wunsch, seine geliebte Hornisgrinde wieder sehen und malen zu dürfen. Diese raue, 1160 Meter hoch gelegene Schwarzwälder Hochmoorlandschaft über dem Mummelsee sollte sein Schicksal werden.

Zu dem starken Treiber kam noch Eckerts überdurchschnittliche Fitness. 1898 am Bodensee geboren, kam er nach Teilnahme am Ersten Weltkrieg und anschließendem Kunststudium als Maler und Sportlehrer in den Nordschwarzwald, wobei das Malen – vor allem seines Lieblingsmotivs, der Hornisgrinde – seine Leidenschaft und die Sportpädagogik sein Broterwerb war. In den Höhenhotels an der Schwarzwaldhochstraße leitete er Gymnastikgruppen, war Schwimm- und Skilehrer. Der ehemalige britische Premierminister David Lloyd George gehörte zum Beispiel zu seinen Schülern.

Ein Foto aus dieser Zeit zeigt Eckert in der damals hippen Dreiecksbadehose: groß, braungebrannt, sehnig, kein Gramm Fett. Der Mann war durchtrainiert wie kaum ein anderer dort oben, und abgehärtet: »Mein Vater wusch sich zum Entsetzen meiner Mutter bei Eis und Schnee mit nacktem Oberkörper im Freien«, erinnert sich Eckerts Sohn Otto, »und wenn wir Kinder im Winter an den Händen froren, hieß es ›Handschuhe aus und die Hände mit Schnee einreiben‹.«

1939 wurde der Vater sogar Schwarzwaldmeister im Skilauf, doch da war Deutschland schon seit einigen Monaten im Krieg. 1942 wurde auch Eckert eingezogen, an den damals schlimmsten Kriegsschauplatz: Russland. Wo er überall kämpfte, wissen seine Kinder nicht, lediglich seine Bilder aus dieser Zeit zeigen, dass er in Smolensk und Wjasma war.

Eckert kam in der blutigsten Phase des Überfalls auf die Sowjetunion an die Ostfront: Der Winter 1942/43 wird zum Wendepunkt des Krieges werden, in der Schlacht bei Stalingrad wird die 6. Armee vollständig aufgerieben, ein unvorstellbares Gemetzel, das auf beiden Seiten Hunderttausende Tote fordert.

Ab jetzt ist Hitlers Wehrmacht auf dem Rückzug. Am 22. Juni 1944 schließlich beginnt auf breiter Front die große Sommeroffensive der Roten Armee, die Frontlinie ist in dieser Zeit noch auf der Höhe von Witebsk, einer Stadt 250 Kilometer von Moskau entfernt. Bereits am 3. Juli erobern die Sowjets das 700 km von Moskau entfernte Minsk. Jetzt geht es Schlag auf Schlag. Am 19. August erreicht die Frontlinie bereits Warschau, am 16. Oktober beginnt der Sturm auf Ostpreußen, Ende Januar 1945 wird die Rote Armee kurz vor Berlin stehen.

Otto Eckert ist mitten drin in diesem Chaos. Die deutschen Soldaten fallen in diesem Wahnsinn aus Rückzug und Dauerbeschuss gleich zu Hunderttausenden oder geraten, wie auch Eckert, in sowjetische Kriegsgefangenschaft. Wie es dazu kam und wie es dem Vater erging, können sich seine Kinder nur aus spärlichen Gesprächsfetzen zusammenreimen.

Otto Eckert jr. weiß nur so viel: Sein Vater wurde in den Tagen oder Wochen nach seiner Gefangennahme mit vielen anderen Gefangenen in einen Güterzug verfrachtet, der sich in Richtung Osten in Bewegung setzte. Das Ziel war wohl allen Zuginsassen klar: eines der gefürchteten Straflager Stalins in den endlosen Weiten Sibiriens. Auch Otto Eckert wusste: Er würde seine Heimat mit großer Wahrscheinlichkeit nie mehr wiedersehen, wenn es ihm nicht gelingen würde, aus diesem Waggon zu entkommen. Er traf seine Entscheidung und nutzte die erstbeste Gelegenheit: Auf der Höhe von Wjasma, seinem ehemaligen Stationierungsort, sprang er aus dem fahrenden Zug.

Die wilde Freude darüber, dass keiner der Bewacher seine Flucht entdeckt hatte, dürfte nur einen kurzen Moment gedauert haben. Denn das war nun seine Situation: Er war 200 Kilometer südwestlich von Moskau und weit über 1500 Kilometer von der deutschen Grenze entfernt in der Wildnis Russlands völlig auf sich allein gestellt. Auf die Hilfe der Einheimischen konnte er nach den Gräueln der Wehrmacht nicht zählen, im Gegenteil: Sie würden ihn wahrscheinlich sofort ausliefern, was den sicheren Tod bedeutet hätte. Von hier aus zurück nach Hause zu kommen, war bei einigermaßen nüchterner Überlegung eine Sache der völligen Unmöglichkeit. Wenn man ihn nicht erwischte, würde er mit an Sicherheit grenzender Wahrscheinlichkeit elend verhungern. Doch Otto Eckert konnte ja von seiner Schwarzwälder Vergangenheit zehren: Topfit, abgehärtet, mit der Natur vertraut und mit dem übermächtigen Motiv im Herzen, seine geliebte Hornisgrinde wieder malen zu wollen.

Das waren die Umstände, unter denen sein langer Marsch nach Westen begann. Tagsüber bewegte er sich nur im Wald, auf freiem Gelände ausschließlich in der Nacht. Im Schutz der Dunkelheit wagte er sich auch in die Nähe von Dörfern, wo er sich etwas Ess-

Der Gipfel der Hornisgrinde heute.

bares zu organisieren hoffte: ein paar Kartoffeln, mal ein Huhn, ansonsten Beeren, Wurzeln – was eben aufzutreiben war. Einmal, so erzählte er später, hatte er einen Truthahn erbeutet und briet ihn an einem Lagerfeuer. Als der Vogel kross war und Eckert gerade mit dem Essen beginnen wollte, tauchte plötzlich eine russische Patrouille auf. Eckert ließ alles liegen und stehen und rannte los. Dass ihn die Sowjets nicht einholten, lag möglicherweise daran, dass sie auf ihrer Verfolgungsjagd an einem lecker riechenden Truthahnbraten vorbeikamen.

Ständig auf der Flucht vor Soldaten oder misstrauischen Einheimischen, ständig hungrig, immer auf der Suche nach sauberem Wasser – die Strapazen und die Mangelernährung zeigten immer stärker Wirkung. Eckert magerte ab, dazu bekam er noch massive Zahnprobleme. Doch: Er hielt durch. Und irgendwann dann: Hamburg. Endlich.

Wann Otto Eckert in Gefangenschaft kam, in welchem Monat seine Flucht begann, welche Route er genau nahm, wissen seine Kinder nicht. Sie können nur spekulieren. Wenn die Flucht im Herbst 1944 stattgefunden hätte, hätte er von hinten die russische Frontlinie durchqueren müssen, wäre in das Abwehrfeuer der Wehrmacht geraten und wäre, wenn er all dies überlebt hätte, von den Deutschen entweder sofort dienstverpflichtet oder als mutmaßlicher Deserteur erschossen worden. Außerdem wäre er in den Winter gekommen, der 1944/45 besonders früh begann und besonders kalt war: In Norddeutschland wurden mehrfach Temperaturen von unter minus 20 Grad gemessen, und mit jedem Kilometer weiter östlich nahmen Kälte und Wind weiter zu. Dass Otto Eckert dies in der Wildnis überlebt hätte, ist äußerst unwahrscheinlich.

Deshalb gehen seine Kinder davon aus, dass die Flucht des Vaters frühestens im Frühjahr 1945 begonnen haben muss. 1574 Kilometer Luftlinie sind es von Wjasma nach Hamburg. Hätte Otto Eckert, ohne einmal von der Luftlinie abzuweichen oder mal Pause zu machen, jeden Tag 40 Kilometer zurücklegen können, wäre er in knapp 40 Tagen durch gewesen. Aber das war natürlich illusorisch. Sich meist nachts in unbekanntem Gelände bewegen, immer wieder Umwege machen, sich ständig verstecken und – wiederum nachts – Essen organisieren müssen, das senkte die Tagesleistung erheblich. Er wird mindestens drei bis vier Monate für seine Flucht gebraucht haben.

In Hamburg angekommen, schlug er sich einige Wochen als Türsteher auf der Reeperbahn durch, danach hatte er das Geld zusammen, um in den Süden zu reisen. Im Spätsommer 1945 kam er im Schwarzwald an. Endlich wieder daheim. Und jetzt holt Eckert all das nach, was ihn die Strapazen überleben ließ: Er malt. Und malt. Und malt.

Immer wieder berichten Wanderer oder Skilangläufer, dass sie auf der Hornisgrinde im strömenden Sommerregen oder im winterlichen Schneesturm einen Mann mit Staffelei hatten sitzen sehen, der die Widrigkeiten des Wetters überhaupt nicht zu bemerken schien. Bald schon hatte Eckert seinen Beinamen weg: Der »Grindenmoler«.

Über so viele Talente Eckert auch verfügte, eines war er überhaupt nicht: ein Geschäftsmann. »Einige seiner Bilder verschenkte er, andere verkaufte er für 20 oder 50 Mark, eben so viel, dass er sich wieder Leinwand und Farbe kaufen konnte«, erzählt sein Sohn. An Abnehmern mangelte es dabei nicht. Viele kannten Eckert noch aus seiner Zeit als Sportlehrer, darunter viele vermögende Geschäftsleute wie zum Beispiel der Verleger Franz Burda. Und ihnen verkaufte Eckert seine Bilder für ein Nasenwasser. Das änderte sich erst, als Olga in sein Leben trat. Die resolute Russin war geflüchtet, weil sie als Kreditinspektorin einer russischen Bank auch mit den Deutschen Geschäfte gemacht hatte. In einem Übergangslager in Achern lernte sie Eckert kennen und lieben. 1962 heirateten die beiden. Und als profitorientierte Bankerin nahm sie ab da die Vermarktung der Bilder in die Hand. »Geschäftsleute, die 50 Mark für deine Bilder zahlen, können auch 1000 Mark bezahlen«, soll sie zu ihrem widerstrebenden Mann gesagt haben – und sie behielt recht.

1980, mit 82 Jahren, stirbt der »Grindenmoler«. Über 200 Bilder konnte sein Sohn Otto in einem Werkverzeichnis zusammentragen. Viele davon zeigen Eckerts Schicksalsberg: Die Hornisgrinde im Sommer, die Hornisgrinde im Winter. Der große Durchbruch blieb ihm jedoch versagt, Eckert ist nur noch einem kleinen Kreis bekannt. Eine Gedächtnisausstellung, ein Gedenkstein auf der Hornisgrinde – nur Weniges erinnert an den Mann mit seiner unglaublichen Energie und Lebensgeschichte. Wäre alles anders gekommen, wenn Eckert über seine Kriegs- und Fluchtgeschichte gesprochen hätte? Vielleicht. Cornelius Rost wurde berühmt. Allerdings hat seine Geschichte einen kleinen Makel: Sie ist in weiten Teilen frei erfunden, wie der Radiojournalist Arthur Dittlmann 2010 belegen konnte.

Moor-Birke auf der Hornisgrinde.

Strahlende Zukunft? Der Kampf um das Menzenschwandner Uran

Baden-Württemberg im Mai 1957:

- Das Bundesverfassungsgericht in Karlsruhe stellt fest, dass der Homosexuellen-Paragraf 175 »ordnungsgemäß zustande gekommen« ist und somit nicht gegen das Grundgesetz verstößt.
- Der baden-württembergische Landtag lehnt die Zulassung von Zahlenlotto »aus moralischen Gründen« ab.
- Die deutsche Fußballnationalmannschaft verliert drei Jahre nach dem »Wunder von Bern« in Stuttgart mit 1:3 gegen Schottland.
- Im Albtal bei Menzenschwand suchen die Studenten Manfred Lutz und Thomas Bock nach Flussspat.

Wenn man nun eine Umfrage machen würde, welches dieser vier Ereignisse die Gemüter im Land wohl am längsten beschäftigte, dürften wohl nicht wenige der Antwortenden falschliegen. Das Lottoverbot hielt gerade mal ein Jahr. Immerhin 12 Jahre dauerte es, bis die deutsche Elf ihren ersten Nachkriegssieg über Schottland einfahren durfte (dank »Stan« Libuda und Gerd Müller). Erst 1973 kippte die Brandt-Regierung den alten § 175 (strafbar war ab da nur noch der Sex mit Minderjährigen). Aber bis 1991, sage und schreibe 34 Jahre lang, hielten die Nachwirkungen der studentischen Gesteinssuche an.

Denn was die beiden Geologiestudenten damals aus dem Albtal mit in ihr Freiburger Institut gebracht hatten, war kein Flussspat gewesen. Das hatte ihr Professor auf den ersten Blick festgestellt. Aber erst das aufgeregte Rattern des Geigerzählers brachte Gewissheit: Kein Zweifel, das war Uranglimmer. Uran! Das Zauberwort jener Jahre, das Macht und Sicherheit zugleich versprach. Denn die Welt befand sich mittendrin im militärischen und wirtschaftlichen Wettrüsten des Kalten Kriegs.

1957: vier Jahre bis zum Mauerbau. 12 Jahre vorher sind in Hiroshima und Nagasaki die ersten US-Atombomben gefallen, seit 1949 war auch die UdSSR im Besitz der Bombe. Bisher hatten die USA beim atomaren Wettrüsten immer vorgelegt, und die UdSSR war hinterhergehinkt. Doch das wird sich in diesem Jahr 1957 erstmals ändern. Die Geheimdienste melden, dass die Sowjets kurz davor sind, einen künstlichen Erdsatelliten in eine Umlaufbahn zu schicken. Im Oktober ist es so weit: Sputnik 1 startet in Baikonur und umrundet die Erde 92 Tage lang, bevor er verglüht. Der wichtigste Effekt dieser Raummission war ein sehr irdischer, weil sie den »Sputnikschock« auslöste. Jedem westlichen Militärstrategen war in diesem Moment klar: Wer per Trägerrakete Satelliten in eine Erdumlaufbahn bringen kann, der schafft es auch, auf diesem Weg nukleare Sprengköpfe mitten ins Herz der USA zu transportieren. Jetzt musste die NATO nachziehen, mit neuen, noch schrecklicheren Atomwaffen. Dann würden wieder die Sowjets am Zug sein – die atomare Rüstungsspirale begann sich immer schneller zu drehen. Doch das war nicht alles: Zur militärischen

Das Krunkelbachtal besaß das größte Uranvorkommen der Bundesrepublik.

Nutzung radioaktiver Stoffe kam noch die zivile. Anfang der 50er waren die weltweit ersten Kernkraftwerke in Betrieb gegangen, die Erforschung der Kernenergie lief auf Hochtouren. Um da mithalten zu können, brauchte man Uran. Sehr viel Uran. Ergiebige Vorkommen hatte man auch auf deutschem Boden gefunden, im und um das Erzgebirge, doch diese Lagerstätten lagen jetzt auf dem Staatsgebiet der DDR.

Das war die weltpolitische Lage, in der Manfred Lutz und Thomas Bock mit ihren strahlenden Funden aus dem Schwarzwald zurückkehrten. Sie verkauften daraufhin ihr Wissen an die »Gewerkschaft Finstergrund«, ein altes Schwarzwälder Bergbauunternehmen, das kurz darauf beim Land einen Konzessionsantrag zur Ausbeutung der Vorkommen stellte. Nach längerem Hin und Her bekam jedoch ein anderes Unternehmen den Zuschlag, die »Gewerkschaft Brunhilde« aus dem niedersächsischen Uetze. Nach und nach wurde der Moränenschutt im besonders ergiebigen Krunkelbachtal durchgearbeitet.

Bereits 1961 wurden 300 Tonnen Uranerz gefördert, die im rheinland-pfälzischen Ellweiler zu Yellowcake aufgearbeitet wurden, ein Stoffgemisch, aus dem man über mehrere Zwischenstufen sowohl Brennelemente für Kernkraftwerke als auch atomwaffenfähiges Material herstellen kann. Ein Jahr später vermeldete das Geologische Landesamt, dass es sich bei Menzenschwand um »die größten Uranerzvorkommen in der ganzen Bundesrepublik« handeln würde. Daraufhin wurden noch im selben Jahr zwei Stollen in den Boden unter dem Feldberg gerieben, der zu einem der bekanntesten Naturschutzgebiete des Schwarzwalds gehörte.

Ein frühes Protestplakat der Anti-Atom-Bewegung.

Dass Naturschützern und Tourismusmanagern das nukleare Business in der Grube Krunkelbach übel aufstieß, liegt auf der Hand. Man befürchtete, dass aus der Schwarzwaldidylle ein zweites Ruhrgebiet entstehen könnte. Hinzu kam, dass mit dem geförderten Uran auch eines seiner aggressiven Zerfallsprodukte an die Oberfläche kam: Radon.

Was dieses radioaktive Gas anrichtet, hatte man im Laufe mehrerer Jahrhunderte Zug um Zug herausgefunden. Bereits Paracelsus beschrieb 1567 eine merkwürdige Krankheit, die ausschließlich Bergleute aus dem sächsischen Schneeberg zu befallen schien und die nicht zu heilen war, »Schneeberger Krankheit« nannte man sie. Erst 300 Jahre später wurde klar, um welche Art von Krankheit es sich dabei handelte: um Lungenkrebs. Irgendetwas musste in diesen Zinn-, Eisen-, Kupfer- und Silbergruben sein, was diesen Krebs auslöste, aber was? Lange Zeit vermutete man, dass es Arsenstaub war. Erst 1929 wurde ein Zusammenhang zwischen dem häufig auftretenden Bergmann-Krebs und dem Vorkommen radioaktiver Gase in den Stollen hergestellt. Die Ursache war ein schweres, schwarzes Mineral, das man »Pechblende« nannte und für das man einige Jahrhunderte lang keine Verwendung gefunden hatte. Nun, da man um die Gefährlichkeit der Pechblende wusste, sah sich aber immer noch kein Verantwortlicher dazu veranlasst, größere Schutzmaßnahmen in den Bergwerken zu ergreifen. Im Gegenteil: Das strahlende Material, das im Kalten Krieg in riesigen Mengen abgebaut wurde, nannte man verharmlosend »Wismut«. Praktisch bis zur Wende fuhren die Kumpel in die gefährlichen Stollen der »Sowjetisch-Deutschen Aktiengesellschaft Wismut« ein. Wie aggressiv dieser Radonstaub war, lässt sich an einer »SPIEGEL«-Reportage aus dem März 1995 ermessen. Darin erzählt der Schneeberger »Wismut«-Arbeiter Herbert Wiegert, 63 Jahre, Diagnose Lungenkrebs: »Meine alte Brigade zählte 28 Mann, davon leben jetzt noch vier.« Auf der Webseite des Bundesamts für Strahlenschutz ist Radon noch heute nach dem Rauchen die zweithäufigste Ursache für Lungenkrebs. Besonders tückisch: Man sieht es nicht und man riecht es nicht – das heißt, man merkt überhaupt nicht, wenn es auftritt. Vor diesem Hintergrund entwickelte sich ein breiter Widerstand, nachdem in dem Tourismushotspot Menzenschwand die Uranförderung begann.

Mal waren es erzkonservative Schwarzwaldbauern, die gegen das Projekt ankämpften, mal Naturschützer, dann wieder Tourismusverbände, später kam die Anti-Atom-Bewegung dazu.

Immer massiver wurde der Kampf gegen den Uranabbau im Schwarzwald: »Das Uran bleibt drin!«, lautete der Slogan der Bewegung. Reihenweise gab es Gerichtsverfahren, behördliche Verfügungen und Landtagsbeschlüsse, die mal für, mal gegen die Interessen der Grubenbetreiber ausfielen.

Zu den ständig steigenden Kosten dieses Rechtsstreits kamen noch die Lehren aus dem 30 Kilometer Luftlinie entfernten Wyhl. Dort hatten 1977 Bauern und Umweltschützer nach langjährigem Ringen per Gerichtsentscheid den Bau eines Atomkraftwerks verhindert, ohne das, so hatte es der damalige Ministerpräsident Hans-Karl Filbinger prophezeit, im Land bald »die Lichter ausgehen« würden. Das Atomgeschäft begann generell schwierig zu werden.

Zur zunehmenden Rechtsunsicherheit kamen noch wirtschaftliche Überlegungen. Weltweit begann der Preis für Uran zu fallen, umgekehrt stiegen in der Grube Krunkelbach die Kosten. So war zum Beispiel die Aufbereitungsanlage im nur 300 Kilometer entfernten Ellweiler 1989 aus Umweltschutzgründen geschlossen worden. Jetzt musste das strahlende Material über weite Strecken ins Ausland transportiert werden.

Diese Umstände führten schließlich zum Aus der Uranförderung in Menzenschwand. Am 21. August 1991 wurde die letzte Pumpe abgestellt, danach wurde die Grube geflutet und noch ein Jahr lang überwacht. Doch dann gab es doch noch ein kleines Comeback. Kommunalpolitiker ließen untersuchen, ob sich das radonhaltige Wasser der Stollen nicht anderweitig gewinnbringend nutzen ließe. 2005 wurde in Menzenschwand das Radon Revital Bad eröffnet. Erzeugt Radon als Gas Lungenkrebs, so hat es als Bestandteil in Wasser durchaus heilsame Wirkung und wird zur Schmerztherapie bei Gelenkerkrankungen genutzt. Allerdings brachte auch diese Form der friedlichen Nutzung der Gemeinde kein großes Glück: Nachdem eine Untersuchung ergeben hatte, dass die Radonkonzentration unter dem Mindestwert für eine medizinische Anwendung lag, verzichtete man 2021 auf die Radontherapie.

Über sechs Jahrzehnte sind mittlerweile seit dem Fund der zwei Geologiestudenten vergangen. Anlass für eine kleine (Zwischen-)Bilanz:

– Im Strafgesetzbuch steht unter § 175: »weggefallen«. Die Bundesrepublik hatte inzwischen schwule Außen- und andere Minister, viele andere prominente und nicht prominente MitbürgerInnen haben sich offen zu ihrer Homosexualität bekannt.

– Der Landtag Baden-Württemberg hat keinerlei moralische Bedenken mehr, kulturelle und soziale Belange mit jährlich weit über 100 Millionen Euro von Lotto Baden-Württemberg fördern zu lassen.

– Die Fußball-Bilanz gegen Schottland hat sich leicht verbessert: Die letzten drei Spiele hat die deutsche Elf gewonnen, zwar mühsam mit jeweils nur einem Tor Vorsprung, aber immerhin.

– Das atomare Wettrüsten hat nach der kurzen Pause durch die Wiedervereinigung und den Zusammenbruch der UdSSR wieder an Fahrt aufgenommen, und auch das letzte Stündlein der Kernenergie hat noch nicht geschlagen: 442 Reaktoren waren 2019 weltweit in Betrieb, weitere 50 im Bau. Im Boden unter Menzenschwand werden noch 5000 Tonnen Uran vermutet – bleibt nur zu hoffen, dass die Grube Krunkelbach nicht irgendwann mal wieder auf den Radar von Militärstrategen oder Atomenergiemanagern gerät.

Wie Hinterzarten um ein Haar zum neuen Poona geworden wäre

Das Drama begann in der Vollmondnacht des 21. März 1953 im zentralindischen Jabalpur. Der 22-jährige Chandra Moha Jain wurde beim Meditieren im Bhanvartal-Park von einer solchen Glückseligkeit überwältigt, dass ihm zwei Dinge schlagartig klar wurden: Erstens konnte das nur eine Erleuchtung gewesen sein, die er zweitens unbedingt an andere weitergeben musste.

Wäre diese Erleuchtung nicht gewesen, hätte er nicht 1971 den Titel Bhagwan (zu deutsch: Gesegneter) Shree Rajneesh angenommen und in Poona einen Ashram gegründet. Ma Anand Sheela wäre wohl nie seine Sekretärin geworden, hätte sich damit auch nicht nach vielen Jahren im Streit von ihm getrennt und wäre so wohl nie nach Hinterzarten gekommen, um Kaufinteresse an dem pleitegegangenen Traditionshotel »Weißes Rössle« zu zeigen.

Um zu begreifen, welche Erschütterung dieses Ansinnen auslöste, muss man einen Blick in die Geschichte des Hauses werfen. Erste urkundliche Erwähnung 1344, damit war das »Weiße Rössle« eine der ältesten Gaststätten Deutschlands. Gesellschaftliches Highlight war sicher das Jahr 1770, als die 15 Jahre alte Kaisertochter Marie-Antoinette auf der Reise zu ihrer Hochzeit in Paris Station im »Rössle« machte. 57 Wagen mit 450 Zug- und Reitpferden sollen ihre Aussteuer und Bediensteten transportiert haben – 23 Jahre, bevor sie auf der Place de la Concorde die Guillotine bestieg.

Und nun also, 1985, Ma Anand Sheela. Wer wissen wollte, was da auf Hinterzarten zurollte, der musste nur »Ganz entspannt im Hier und Jetzt« lesen, den Bestseller des Journalisten Jörg Andrees Elten, der 1977 als STERN-Reporter zu einer Recherche nach Poona gefahren und als »Sannyasin«, wie sich die Bhagwan-Jünger nannten, zurückgekommen war. Was er aus seiner Zeit im »Ashram« genannten Sektendorf berichtete, ließ das Schlimmste befürchten: ein einziges Sodom und Gomorrha.

So beschrieb Elten die Teilnahme an einer der berüchtigten Selbsterfahrungsgruppen, die meist in gewalttätige Sexorgien ausarteten: »Zwölf Leute hatten sich auf mich gestürzt und eine Sozialarbeiterin aus New York war mit ihrem dicken Hintern auf meinem Brustkorb herumgeritten wie auf einem Rodeo-Gaul.« Ergebnis: Zwei gebrochene Rippen. Auch die deutsche Schauspielerin Eva Renzi, die splitterfasernackt an einer solchen »Encounter«-Gruppe teilgenommen hatte, berichtete von heftigen Schlägen und Nasenbluten. Überhaupt: Sex! Tantrasex, dazu noch in Gruppen! Ein Foto des STERN-Fotografen Jay Ullal, der Elten bei seiner Reportage begleitete, hatte sich dabei besonders tief ins deutsche Bewusstsein gefressen: Ein bärtiger Mann liegt in akrobatischer Haltung schreiend am Boden, fünfzehn andere – sechs Frauen und neun Männer – gruppieren sich entrückt um ihn herum. Die beiden einzigen Bekleidungsstücke auf dem Foto sind ein rotes Hüfttuch und eine »Mala«, die Halskette aus Holzperlen mit dem Bildnis des Gurus. Der große Rest hat seine Hände überall, nur nicht bei sich – gute Güte!

Sannyasin-Ritual: Der Guru defiliert im Rolls Royce an seinen Jüngern vorbei.

Darüber hinaus hatte sich auch Ma Anand Sheela mittlerweile den Ruf erarbeitet, bei der Durchsetzung ihrer Ideen alles andere als zimperlich zu sein. Nachdem sie 1981 den Umzug der Sekte von Indien nach Oregon durchgesetzt hatte, wuchs die Kritik an ihren Finanzierungsmethoden. Bhagwanjünger, die inzwischen überall in der Welt Toprestaurants und Szenediscos betrieben, wurden von Sheela massiv zur Kasse gebeten. In Oregon selbst schufteten Hunderte Sannyasins unter härtesten Bedingungen, um die Siedlung Rajneeshpuram aus dem Wüstenboden zu stampfen, mit eigener Schule, Post, einem Nahverkehrssystem, Polizei, Wasser- und Energieversorgung. Ihre einzige Belohnung: Einmal am Tag fuhr der Meister langsam in einer seiner 93 Rolls-Royce-Karossen an ihnen vorbei.

Da es um die Gesundheit des Gurus nicht zum Besten stand, wurde Sheela mit ihrem Stab immer mächtiger. Sie begann sich in Hohepriestergewänder zu kleiden, ließ Abhöranlagen installieren und kritische Sannyasins wegmobben. Das System wurde immer autoritärer. Und krimineller.

So ließ sie, um mehr Einfluss in der regionalen Wasco County Commission zu erreichen, vor der Novemberwahl 1984 von weit her 2000 Obdachlose herankarren, um sie als Neuwähler anzusiedeln. Als das Vorhaben jedoch rechtlich scheiterte, ließ sie die Leute einfach in der nächsten Großstadt wieder aussetzen.

Danach soll Sheela eine andere Strategie ausprobiert haben, nämlich die mehrheitlich Bhagwan-kritische Bevölkerung vom Gang zur Wahlurne abzuhalten. Das Städtchen The Dalles soll als Ort für einen Testlauf dieses Vorgehens gedient haben. In mehreren Restaurants, so der Vorwurf, hätten Sheelas Leute Salatbars mit Salmonellen verseucht, 751 Einwohner erkrankten. Der Vorfall gilt übrigens als erster Bioterror-Anschlag des 20. Jahrhunderts.

Damit nicht genug: Im Mai 1985 soll sie in einer Arbeitsgruppe die Ermordung von Charles Turner, dem Justizminister von Oregon, geplant haben. Ein Plan, der – wenn er so existierte – dann aber doch nicht umgesetzt wurde.

Als das ständige Geraune um Sheelas Methoden auch dem siechen Bhagwan zu viel wurde, trennte sie sich im September 1985 von ihm und reiste mit einem harten Kern nach Deutschland, um dort einen neuen Ashram zu gründen. Und dabei geriet das leerstehende »Weiße Rössle« in ihr Blickfeld.

Damit war für die meisten Einwohner ziemlich klar, wie das öffentliche Leben im katholischen Hinterzarten bald aussehen könnte: Überall kopulierende Langhaarige, massenhaft obdachlose Neubürger, die bei der nächsten Gemeinderatswahl für die rotgewandeten Sannyasins stimmen würden, Salmonellenanschläge auf Traditionsrestaurants und Mordanschläge auf missliebige Lokalpolitiker. Kein Zweifel: Hinterzarten würde in Kürze einen Ruf haben wie Chicago in den Dreißigern. Das galt es zu verhindern.

In Hinterzarten glühten jetzt die Drähte. Und die führten teilweise hinauf in höchste Ebenen. So befürchtete zum Beispiel das nahegelegene, sehr renommierte Internat »Birklehof«, dass mit dem Kommen der Sannyasins viele Eltern ihre Kinder von der Schule nehmen würden. Deshalb wandte sich der Internatsleiter hilfesuchend an einen engen Freund des Hauses, den damals amtierenden Ministerpräsidenten Lothar Späth. Doch der brauchte nicht mehr einzugreifen, weil bereits die ehernen Gesetze des Finanzmarkts zu wirken begannen. Hauptgläubiger des pleitegegangenen Hotels war nämlich die örtliche Sparkasse, die es sich nicht leisten konnte, das Unbehagen eines überwältigenden Teils ihrer Kundschaft einfach zu ignorieren. Außerdem wollte Sheela bei ihr auch die vier Millionen Mark für den Kauf und weitere zwei für die Renovierung aufnehmen.

Das »Weiße Rössle« in Hinterzarten: um ein Haar das deutsche Poona.

Blick vom Scheibenfelsen auf Hinterzarten.

Kürzen wir's ab: Es wurde nichts draus. Die Bank bewertete das Risiko als zu hoch und lehnte das Angebot freundlich ab. Was Sheela nicht wusste: Währenddessen hatten sich hinter ihrem Rücken unheilbringende Wolken aufgetürmt. Die amerikanische Justiz, die sie wegen der bereits erwähnten Anschuldigungen suchte, hatte hart gearbeitet, viele belastende Indizien zusammengetragen und dann ein Auslieferungsgesuch an die Bundesrepublik gerichtet, dem auch stattgegeben wurde: Am 28. Oktober 1985 wurde Sheela in Deutschland verhaftet und nach Oregon überstellt, wo sie Anfang 1986 zu zehn Jahren Gefängnis verurteilt wurde. Wegen guter Führung wurde sie aber bereits nach 29 Monaten wieder entlassen und reiste in die Schweiz aus, wo sie ein Altenpflegeheim aufbaute.

Dem »Weißen Rössle« hat das heftige Erdbeben übrigens nicht geschadet, im Gegenteil. Bevor noch Schlimmeres passieren konnte, wurde sehr schnell ein seriöser Käufer gefunden: Die auf Gefäßkrankheiten spezialisierte Földiklinik für Lymphologie übernahm das Gebäude und führt es bis heute.

Lymphdrainage und Kompressionstherapie mit Stützstrümpfen statt ekstatischer Tantrasex- oder Encoutersessions: Hinterzarten hatte sein seelisches Gleichgewicht wieder. Dem Himmel sei Dank – und der Sparkasse!

Höchstes Bildungsniveau: Die Stohrenschule auf 1000 Meter

Mal angenommen, Sie sehen folgende Szene in einer Fernsehreportage: Ein kleines Schulhaus, einsam gelegen, die Klassen 1 bis 4 haben nicht mal eigene Klassenzimmer, sondern müssen sich einen Raum teilen. Vorne steht eine Lehrerin, die alle Schüler zugleich unterrichtet. Die Erstklässler üben an einem Tisch gerade Lesen, an einem anderen bearbeiten die Kinder der Klassen zwei und drei Rechenaufgaben aus ihren Büchern, die Viertklässler wurden an die Tafel gebeten, wo sie Dreisätze lösen. Kein Zweifel: Hier handelt es sich um eine Momentaufnahme aus einer besonders armen Region in einem gottvergessenen Winkel der Welt, richtig?

Falsch! Es ist ein Blick hinein in einen pädagogischen Glücksfall – mitten im Land. Dementsprechend gehört der Einleitungssatz umformuliert: Dass die Klassen 1 bis 4 keine eigenen Klassenzimmer besitzen, sondern sich einen Raum teilen, ist ein schulisches Erfolgsrezept. Die jüngeren Schüler orientieren sich gerne an älteren und lernen auf diese Weise viel von ihnen, und die älteren repetieren ihren Stoff ständig, wenn sie den kleineren helfen. Und das klappt eben nur, weil die Altersstufen nicht auseinandergerissen werden.

Die Rede ist von der Stohrenschule, Deutschlands kleinster und höchstgelegener Grundschule. Die höchstgelegene, weil sie auf 998 Meter über NN hoch über dem Münstertal liegt. Die kleinste, weil sich auf dem Stohren gerade mal 25 Höfe verteilen. In die Stohrenschule gehen regelmäßig zwischen 10 und 15 Schüler.

Und dann die Lage: Endlose Wiesen, endloser Blick, dazwischen die besagten Höfe mit ihren weit heruntergezogenen Schwarzwalddächern. Es ist einfach wunderschön da oben.

Alles begann im Jahr 1796. Die Vereinigten Staaten von Amerika feierten gerade ihr zwanzigjähriges Bestehen. In Weimar schrieb Goethe an seinem Versepos »Hermann und Dorothea« und vertiefte seine Freundschaft mit dem Schwaben Friedrich Schiller. Sieben Jahre früher war in Paris die Bastille erobert worden, jetzt tobte der »Erste Koalitionskrieg«, in dem Preußen, Österreich und einige deutsche Staaten gegen das revolutionäre Frankreich zu Felde zogen. Und auf dem abgelegenen Stohren war man zu der Einsicht gekommen, dass man eine Schule brauchte. Als erster Lehrer wurde der 26-jährige Dominik Gutmann verpflichtet. Der Unterricht fand zunächst auf wechselnden Höfen und ab 1865 in einem eigenen Schulhaus statt.

Damals musste die Schule den besonderen Herausforderungen des harten Schwarzwaldbauernlebens gerecht werden: Der Schulalltag wurde an die Arbeitszeiten auf den Höfen angepasst, damit die Kinder neben den kindertypischen Aufgaben dieser Zeit, nämlich Melken und Hüten, eine möglichst kontinuierliche Bildung bekamen. Die Sommerferien richteten sich nicht nach einem Ferienplan, sondern nach dem Wetter: Wenn es schön war, musste Heu gemacht werden, und da brauchte es alle Arbeitskräfte. Auch die minderjährigen.

Versteckt zwischen Bäumen: Deutschlands kleinste und höchstgelegene Schule.

Der erste Lehrer auf dem Stohren hatte diesen pragmatischen Spagat mit so großem Erfolg gemeistert, dass die Stohrener ihm einen Gedenkstein unter die Außentreppe des Schulhauses setzten: »Denkmal für Dominik Gutmann, 46 Jahre Lehrer auf dem Stohren«. Und ganz unten steht: »Gewidmet aus kindlicher Liebe und Dankbarkeit«.

Gut eineinhalb Jahrhunderte lang ging das gut, dann sammelten sich die natürlichen Feinde solcher Einrichtungen: die Kultusbürokraten. Vor allem in den Jahrzehnten nach dem Zweiten Weltkrieg gab es in der baden-württembergischen Bildungspolitik ein munteres Hin und Her zwischen Zentralisierungs- und Dezentralisierungsphasen. Auf gut Deutsch: Mehrere Jahre lang schloss man kleine Dorfschulen zugunsten von Schulzentren in der nächstgrößeren Gemeinde. Das größte Dorfschulsterben wurde vom damaligen baden-württembergischen Kultusminister Hahn verantwortet: Von rund 4000 kleinen Schulen im Land im Jahr 1965 waren neun Jahre später nur noch rund 2000 übrig.

Dann irgendwann begann man zu begreifen, dass Dörfer, die nach ihren Dorfläden und -kneipen auch ihre Schulen eingebüßt hatten, für die Bewohner immer unattraktiver wurden und zunehmend vor allem junge Familien verloren. So folgte Ende der Siebziger auf den Niedergang ein »Programm zur Wiedereinrichtung wohnortnaher Grundschulen«. Und mit solchen Aufs und Abs ging es weiter. Die kleinen Dorfschulen mussten ständig befürchten, einer dieser Rationalisierungswellen zum Opfer zu fallen.

Die Stohrenschule hat alle diese Stürme überlebt. Einer der wichtigsten Gründe dafür klingt banal, ist es aber nicht: Die enge Straße, die vom Münstertal heraufführt, hat eine Steigung von 18% und führt durch jede Menge Haarnadelkurven. Dazu kommen noch Schnee und Eis im Winter. Die Lösung, dass ein Schulbus die Stohrenkinder ins Tal fährt,

Seit 1796 ein Paradies für Kinder: die Stohrenschule auf 1000 Meter.

fiel angesichts dieser schwierigen Straßenverhältnisse schon mal aus. Die Schule blieb, trotz aller Finanzierungsprobleme. »Das Stohrenschulprojekt rechnet sich in keiner Weise, weder für die Gemeinde Münstertal noch für das Land Baden-Württemberg«, schrieb die Badische Zeitung einmal. Stimmt, denn der Wert dieser Schule war noch woanders zu suchen als in bloßer betriebswirtschaftlicher Rentabilität.

Und das hatte stets mit den Lehrern zu tun, die immer eben nicht nur Lehrer waren. Wenn sich die Stohrenschule nachmittags lärmend geleert hatte, begann sie sich oft ein paar Stunden später wieder zu füllen, aber mit älteren Menschen. Die Eltern und Großeltern kamen, fast ausnahmslos früher selber Schüler hier. Jetzt besuchten sie eines der kulturellen Angebote, die die Schule machte: Singkreise, Yogakurse, Frauentreffs. Sogar ein »Kammerorchester Stohren« – unter der Leitung von Rektor Kroschel – hatte hier seine Basis.

Das Lehrerehepaar Benno und Renate Kroschel hatte 1974 die Schulleitung übernommen. Renate Kroschel erzählte einmal, dass sie und ihr Mann den Stohren anfangs nur als Übergang betrachteten, dann aber dort mehr und mehr heimisch wurden.

Zu Beginn ihres Schuldienstes war der Stohren noch eine Grund- und Hauptschule. Eine Amtsvorgängerin, Agathe Steck, hatte zwischen 1944 und 1968 dieses Pensum so gelöst: Vormittags unterrichtete sie die Viert- bis Achtklässler, nachmittags die Erst- bis

Drittklässler – sechs Tage die Woche, 24 Jahre lang. Bei den Kroschels wurde diese Doppelbelastung etwas kleiner, weil fast alle Kinder nach vier Jahren Stohrenpädagogik so gut waren, dass sie ab der fünften sowieso in eine höhere Schule wechselten.

Im Jahr 2001 zum Beispiel gab es nur einen einzigen Hauptschüler – und nicht etwa deshalb, weil er nicht die Befähigung für eine höhere Schule gehabt hätte. Nein, der Junge litt unter einem besonders unangenehmen Problem: Dem Armen wurde auf der kurvigen Straße hinunter ins Münstertal immer speiübel. Also blieb er auf dem Stohren und verzichtete seinem Magen zuliebe aufs Gymnasium. 2003 schließlich endete der Hauptschulzug, der Stohren war jetzt nur noch Grundschule, die allerdings ihr Einzugsgebiet um die Nachbargemeinde Hofsgrund erweitert hatte.

Was über all die Jahre blieb, war die Faszination »Stohrenschule«. Auch das Fernsehen war mehrfach hier. 2001 zum Beispiel, als der SWR unten im Münstertal die Zeitreisedoku »Schwarzwaldhaus 1902« drehte. Als am denkwürdigen 11. September 2001 in Baden-Württemberg die Schule wieder begann, blieb auch Akay, der Jüngste aus der Protagonistenfamilie Boro, davon nicht verschont. Was ihm besonderes Ungemach bereitete, denn wenn der junge Berliner etwas hasste, dann war es Schule. Drei Wochen lang, bis zum Ende des TV-Experiments, besuchte er die Stohrenschule und sagte am Ende diesen Satz: »Hier hat mir Schule zum ersten Mal Spaß gemacht.«

2008/2009 war der Stohren Sujet eines großen Dokumentarfilms: »Die Kinder von der Stohrenschule – Vom Ernst des Lebens« war nicht nur eine Hommage an diese liebenswerte Einrichtung und ihre Lehrer, sondern auch eine Reportage darüber, dass dort oben die Probleme der Kinder auch nicht viel anders sind als im Tal: Der eine wird von Mitschülern ausgegrenzt, ein anderer ist hyperaktiv und unkonzentriert. Die Kroschels reagierten zwar stets schnell, aber jedes Problem konnten auch sie nicht lösen.

In den ersten Jahren des neuen Jahrhunderts hatte auf dem Stohren erneut eine Zeitbombe zu ticken begonnen. 2012 würden die Kroschels nach 38 Jahren gemeinsam in Rente gehen. Wie um alles in der Welt sollte man jemand finden, der in der heutigen Zeit freiwillig in diese Abgeschiedenheit ziehen wollte? Noch zehn Jahre, noch acht, noch vier, noch zwei – immer näher rückte der Tag X. Doch dann, durch einen Mix aus Glück und frühkindlicher Prägung, kam die Erlösung. Das Rektorat übernahm Ute Rößer, eine gebürtige Berlinerin mit langjähriger Lehrerfahrung unter anderem in Frankreich und einer großen Begeisterung für den Südschwarzwald. Als zweite Lehrkraft konnte Cosima Blassmann geb. Kroschel gewonnen werden. Der Geburtsname weist in die richtige Richtung: Sie ist die Tochter der Kroschels, war da oben geboren worden, hatte Kindheit und Schulzeit dort verbracht, war in die Welt hinausgezogen und jetzt als ausgebildete Lehrerin wiedergekommen. Es gibt eben Orte auf der Erde, die sind so außergewöhnlich, dass sie einen einfach nicht loslassen. Der Stohren gehört ganz offensichtlich dazu.

Das Schulleben auf dem Stohren ging also weiter, mit den üblichen Problemen: »Die Zukunft der Stohrenschule steht auf der Kippe«, meldete die »Badische Zeitung« am 16. März 2018, wieder einmal. Zu wenig Geld, zu wenig Schüler – das Übliche. Und wieder setzte eine Welle mit knallvollen Infoabenden, Protestbriefen, Unterschriftensammlungen, Hörfunk- und TV-Berichten ein, die dem Gemeinderat in Münstertal keine andere Wahl ließen, als sich mit großer Mehrheit für den Fortbestand einzusetzen. Am 22. März 2018 lautete die BZ-Schlagzeile deshalb: »Zukunft gesichert«. Wieder einmal.

Mit den Aufs und Abs hat man da oben leben gelernt. Bislang war eben auf jedes »Ab« wieder ein »Auf« gefolgt. Drücken wir die Daumen, dass das so bleibt.

Der Schwarzwald fasziniert unzählige Menschen. Hier das Naturschutzgebiet Feldberg.

Quellenverzeichnis

Wieso es den »Belchen« gleich fünfmal gibt
Walter Eichin, Andreas Bohnert: Belchensystem, in Das Markgräfler Land/2, 1985, S.176–185.
Rolf d'Aujourd'hui: Belchen, in: Historisches Lexikon der Schweiz.
Rolf Schlenker, Steinzeit: Leben wie vor 5000 Jahren, Stuttgart 2007.

Mittelalterliche Spitzentechnik: Wer baute den »Urgraben« bei Waldkirch?
»Der Urgraben im Schwarzwald«, in: www.journals.ub.uni-heidelberg.de.
Andreas Haasis-Berner, »Gold und Silber lieb' ich sehr – die Geschichte des Bergbaus rund um den Kandel«, Uni Freiburg, Institut für Vor- und Frühgeschichte.

Kandel: Hexenzauber auf dem »Blocksberg des Schwarzwalds«
Hexenverfolgung am Oberrhein, j-ehret.com.
Vor 30 Jahren geschah's, 30.4.2011, in: www.badische-zeitung.de.
Mutig gegen den Hexenwahn, Badische Zeitung vom 17.6.2008.

Notschrei: Wie der Schwarzwaldpass zu seinem seltsamen Namen kam
Chronik der Notschrei-Straße, in: Badische Zeitung, 13./14. 8. 1966.
Ein »Notschrei« fand vor 130 Jahren Gehör, in: Badische Zeitung, 28./29.8. 1976.

Warum es am »Euting-Grab« immer am 11. Juli kostenlos Mokka gibt
Julius Euting, »Tagebuch einer Reise in Inner-Arabien«, Hildesheim, Zürich, New York 2004, S. 286 ff.
Julius Euting-Gesellschaft (juliuseuting.de).

Wie der Seebuck zum Geburtsort des Bergfilms wurde
Mathias Fanck, »Arnold Fanck. Weisse Hölle, weißer Rausch. Bergfilme und Bergbilder«, AS-Verlag, Zürich 2009.
Mario Leis, »Leni Riefenstahl«, Rowohlt, Reinbek 2009.
Stefan König, Florian Trenker, »Bera Luis – das Phänomen Luis Trenker«, Berg &Tal-Verlag, 2006.

Tod am Hochfirst: Die dreiste Tat des Karl Friedrich Hundertpfund
Mordakte Karl Friedrich Hundertpfund, Staatsarchiv Freiburg, Sign. A 25/1 Nr.23.
Weißtannenhöhe: Der ungesühnte Doppelmord von 1928.
Akte der Staatsanwaltschaft Freiburg (Sign. 2 a SA(F) 314/28 betr. Mord auf der Weisstannenhöhe).

»Tannenberg« – das Schwarzwälder »Führerhauptquartier«
Ralf Bernd Herden, »Der »Hofstaat« des Führerhauptquartiers«, in: www.hs-kehl.de.
»Hitlers Basis im Schwarzwald: das Führerhauptquartier ›Tannenberg‹« in: Acher- und Bühler Bote, 28.11.2019.
»Führerhauptquartier«, Wikipedia.
»Kniebis ›Tannenberg‹«, Forschungsgruppe Untertage e. V., in: www.fgut.wordpress.com.

Das Engländer-Denkmal auf dem Schauinsland
Bernd Hainmüller, »Engländerunglück« am Schauinsland, Dokumentation, Selbstverlag, Freiburg 2016.
Gerd Ueberschär, Freiburg im Luftkrieg 1939–1945, Freiburg/ München 1990.

Lynchmord und Skigaudi: Die dunkle und die helle Seite von Schollach
»Der erste Skilift der Welt«, www. Hochschwarzwald.de.
»Wo der Skilift erfunden wurde«, Der SPIEGEL 23.2.2015.

Wolf Hockenjos: Ein »Sühnekreuz« für die am 21. Juli 1944 zwischen Schollach und Urach verübten Fliegermorde an amerikanischen Soldaten, in: Erinnern und Vergessen, Mai 2015, S. 245 ff.
Burkhard Krupp: Interview mit Zeugen, in we.archive.org/web/20121015080915.

So weit die Füße tragen: Die abenteuerliche Flucht des »Grindenmalers«

www.otto-eckert.de
Interview Otto Eckert jr., 25.6.2020.
Arthur Dittlmann, »So weit die Füße tragen. Ein Welterfolg – Dichtung und Wahrheit«, BR-online.

Strahlende Zukunft? Der Kampf um das Menzenschwandner Uran

DER SPIEGEL 13/1995
Wikipedia: Grube Krunkelbach.
Armin Simon: Die Auseinandersetzung um den Uranbergbau in Menzenschwand im Südschwarzwald 1960–1991, Bremgarten 2003.

Wie Hinterzarten um ein Haar zum neuen Poona geworden wäre

»Besuch in Bhagwan-Kommune«, STERN Online, 29.11.2018.
Jörg Andrees Elten, »Ganz entspannt im Hier und Jetzt«, Reinbek bei Hamburg, 1980.
»Rosarotes Rößle«, Die ZEIT, 25.10.1985.

Höchstes Bildungsniveau: Die Stohrenschule auf 1000 Meter

www.stohrenschule.de
»Ein schulisches Kleinod am Schauinsland«, in: www.dreisamtaeler.de, 2018.
»Die Kinder von der Stohrenschule – Vom Ernst des Lebens«, Dokumentarfilm, SWR 2008.
»Zwei Lehrerinnen, zwölf Schüler und ein paar Schafe«, in »Süddeutsche Zeitung 22.3.2018.

Bildnachweis

Coverbild: © ESstock – Shutterstock. Archiv Axel Mayer, Endingen: S. 104. Archiv Otto Eckert jr.: S. 95, 96. Astrid Lehmann: S. 25. Bundesarchiv, Bild 146-1989-072-16 / Kerbs, Diethart / CC BY-SA 3.0 DE: S. 54. Bundesarchiv, Bild 183-R99057 / Ukendt / CC-BY-SA 3.0: S. 79. Gemeinfrei: S. 91. Lahrer Hinkender Bote 1845, gemeinfrei: S. 23. Landesarchiv Baden-Württemberg, Abt. Staatsarchiv Freiburg, A 25/1 Nr. 453: S. 71 links und rechtS. Rolf Schlenker: S. 13, 18, 24, 29, 30, 37, 51, 58 und 64 (Fotos von Dokumenten aus der Mordakte Karl Friedrich Hundertpfund, Staatsarchiv Freiburg, Sign. A 25/1 Nr.23), 68, 72, 80, 81, 83, 86/87, 103, 108, 111, 112, 120. Sammlung Roland Seiter: S. 67. © SWR/ Stephanie Schweigert: S. 38.

Wikimedia Commons:
© 2003 Samvado Gunnar Kossatz: S. 107; Andreas Schwarzkopf, CC BY-SA 3.0: S. 60/61, 88; CC BY-SA 4.0: S. 109; Bermicourt, CC BY-SA 4.0: S. 74/75; Corradox, CC BY-SA 3.0: S. 43; Flominator, CC BY-SA 3.0: 57; CC BY-SA 2.5: S. 63; gemeinfrei: S. 14, 17, 26, 32, 33, 34/35, 48, 52/53, 92; H. Zell, CC BY-SA 3.0: S. 101; Jan skywalker, CC BY-SA 3.0: S. 5; Joergens.mi, CC BY 3.0: S. 8/9; Karl Napf, CC BY-SA 3.0: S. 40; Kenny Arne Lang Antonsen, CC BY-SA 4.0: S. 11; LoKiLeCh, CC BY-SA 3.0: S. 45; Martin C. John, CC BY-SA 2.0: 118/119; Membeth, CC0 1.0: S. 10; Michael Schmalenstroer, CC BY-SA 3.0: S. 84; SEM, CC BY 3.0: S. 6; PantaRhei, CC BY-SA 4.0: S. 46/47, 114/115; Dg-505, CC BY-SA 3.0: S. 98/99.

Guter Ellbach bei Baiersbronn.

Vita

Rolf Schlenker, 1954 in Stuttgart geboren, arbeitet als Wissenschaftsjournalist, Dokumentarfilmer und Sachbuchautor. Seit 1993 ist er Redakteur beim SWR-Fernsehen und hat für seine Dokumentationen verschiedene Preise erhalten. Sein Interesse gilt der Zeitgeschichte.

Impressum

Sollte dieses Werk Links auf Webseiten Dritter enthalten, so machen wir uns die Inhalte nicht zu eigen und übernehmen für die Inhalte keine Haftung.

In diesem Buch wird aus Gründen der besseren Lesbarkeit das generische Maskulinum verwendet. Weibliche und anderweitige Geschlechteridentitäten werden dabei ausdrücklich mitgemeint, soweit es für die Aussage erforderlich ist.

3. Auflage 2024

Umschlaggestaltung: Buchflink Rüdiger Wagner, Nördlingen.

Satz und Layout: Silke Schüler, München.
Lektorat: Marcus Hammerschmitt, Kirchheim unter Teck.

Printed in Poland by CGS Printing.

ISBN 978-3-8425-2339-5

Ihre Meinung ist wichtig für unsere Verlagsarbeit. Senden Sie uns Ihre Kritik und Anregungen unter **meinung@silberburg.de**

Besuchen Sie uns im Internet und entdecken Sie die Vielfalt unseres Verlagsprogramms: **www.silberburg.de**